NUEVO DELE A1

RAMÓN DÍEZ GALÁN

ÍNDICE

GRAMÁTICA   PÁGINA 3

EJERCICIOS DE CALENTAMIENTO   PÁGINA 7

CONSEJOS PARA EL EXAMEN   PÁGINA 24

VOCABULARIO Y MODELO 1   PÁGINA 27

VOCABULARIO Y MODELO 2   PÁGINA 49

VOCABULARIO Y MODELO 3   PÁGINA 71

SOLUCIONES   PÁGINA 93

Los audios del libro se encuentran en el vídeo de YouTube: Prueba de Comprensión Auditiva del libro **NUEVO DELE A1 2021**

También los puedes descargar en MP3 desde el enlace web: **bit.ly/NUEVODELEA1**

Si tienes algún problema o necesitas el audio en otro formato, puedes escribirme un email: ramondiezgalan@gmail.com

GRAMÁTICA

PRESENTE

	Trabajar (-AR)	Comer (-ER)	Vivir (-IR)
(yo)	trabaj-o	com-o	viv-o
(tú)	trabaj-as	com-es	viv-es
(usted, él, ella)	trabaj-a	com-e	viv-e
(nosotros, -.as)	trabaj-amos	com-emos	viv-imos
(vosotros, -as)	trabaj-áis	com-éis	viv-ís
(ustedes, ellos, -as)	trabaj-an	com-en	viv-en

VERBOS IRREGULARES

SER	IR	ESTAR
SOY	VOY	ESTOY
ERES	VAS	ESTÁS
ES	VA	ESTÁ
SOMOS	VAMOS	ESTAMOS
SOIS	VAIS	ESTÁIS
SON	VAN	ESTÁN

CAMBIOS VOCÁLICOS EN EL PRESENTE

E > IE	O > UE	E > I
ENTENDER	**VOLVER**	**PEDIR**
ENTIENDO	VUELVO	PIDO
ENTIENDES	VUELVES	PIDES
ENTIENDE	VUELVE	PIDE
ENTENDEMOS	VOLVEMOS	PEDIMOS
ENTENDÉIS	VOLVÉIS	PEDÍS
ENTIENDEN	VUELVEN	PIDEN

*Tener, querer, perder, sentir, empezar, comenzar, despertar, fregar, recomendar, venir, preferir.

*Costar, morir, acostar, doler, dormir, poder, llover, volar, recordar, soñar, encontrar, colgar.

*Corregir, freír, vestir, decir, embestir, derretir, competir, despedir, seguir, repetir.

1º PERSONA SINGULAR –G-

Hacer = yo hago   Poner = yo pongo   Traer = yo traigo

Salir = yo salgo   Tener = yo tengo   Venir = yo vengo

Decir = yo digo   Caer = yo caigo   Oír = yo oigo

GERUNDIO

Se utiliza para hablar de cosas que suceden en el mismo momento.

El gerundio se forma cambiando las terminaciones del verbo en infinitivo (-ar, -er, -ir) por **-ando,** cuando el verbo acaba en -ar, o por la terminación **-iendo** si el verbo acaba en -er/-ir.

Estar + Gerundio

Se utiliza para hablar de algo que está sucediendo en ese mismo momento.

ESTAR

Yo **estoy**
Tú **estás**
Él / ella / usted **está**
Nosotros **estamos**
Vosotros **estáis**
Ellos / ellas / ustedes **están**

trabajar = **trabajando**
hablar = **hablando**
comer = **comiendo**
beber = **bebiendo**
vivir = **viviendo**
abrir = **abriendo**

· Ahora **estoy paseando** por la playa de Alicante.
· Los periodistas **están escribiendo** la noticia.

VERBOS IRREGULARES

Decir = diciendo   Dormir = durmiendo   Morir = muriendo
Pedir = pidiendo   Divertir = divirtiendo   Servir = sirviendo

· Son las tres de la noche y Roberto no **está durmiendo**.
· Cristina y Javier **están pidiendo** una pizza.

FUTURO

Se utiliza para hablar de cosas que van a suceder en un momento futuro.

Se puede utilizar con términos como:

Mañana	El próximo martes
El viernes	La próxima semana
En agosto	El próximo año

Para hablar en futuro utilizamos la siguiente estructura:

IR + A + INFINITIVO

Yo **voy a comer** pasta mañana.

Tú **vas a trabajar** en verano.

Él **va a hablar** con su primo el próximo sábado.

Nosotros **vamos a viajar** a España en julio.

¿Vosotros **vais a ir** con Marta al cine el jueves?

Ellos **van a estudiar** español por la noche.

EJERCICIOS DE CALENTAMIENTO

1. Selecciona la opción correcta. (Verbos acabados en AR)

1. Él .... (trabajar) como profesor de español.
a) trabajo   b) trabaja   c) trabajas   d) trabajamos

2. Tú .... (cantar) en la ducha.
a) cantas   b) canta   c) canto   d) cantáis

3. Vosotros .... (hablar) francés, inglés y español.
a) hablas   b) habláis   c) hablan   d) hablamos

4. Ellos .... (estudiar) todos los lunes.
a) estudian   b) estudias   c) estudiáis   d) estudiamos

5. Yo .... (bailar) con mis amigos.
a) bailáis   b) bailas   c) baila   d) bailo

6. Vosotros .... (comprar) en la tienda de Marta.
a) compro   b) compra   c) compras   d) compráis

7. Él .... (dibujar) muy bien.
a) dibuja   b) dibujas   c) dibujo   d) dibujáis

8. Nosotros .... (caminar) a la escuela.
a) camináis   b) caminan   c) caminas   d) caminamos

9. Pedro .... (escuchar) música en su salón.
a) escucho   b) escucha   c) escuchas   d) escucháis

10. Alba y Cristian .... (pasear) por el parque.
a) pasea   b) pasean   c) paseo   d) paseamos

11. ¿Tú .... (viajar) a España en verano?
a) viajas   b) viaja   c) viajo   d) viajamos

12. Nosotros .... (nadar) en la piscina.
a) nada   b) nadáis   c) nadan   d) nadamos

2. Selecciona la opción correcta. (Verbos acabados en ER)

1. Él .... (comer) carne todos los días.
a) como   b) comes   c) come   d) comemos

2. Yo .... (beber) café con leche.
a) bebéis   b) bebe   c) bebes   d) bebo

3. Vosotros .... (leer) un libro en español.
a) leéis   b) leen   c) lees   d) leemos

4. Alberto .... (correr) 5 km por la playa.
a) corréis   b) corro   c) corre   d) corres

5. Nosotros .... (vender) nuestra casa.
a) vendéis   b) vendes   c) vendemos   d) venden

6. Tú .... (suspender) el examen.
a) suspende   b) suspendo   c) suspendemos d) suspendes

7. Ellos no .... (comprender) las explicaciones.
a) comprendo   b) comprende   c) comprendemos d) comprenden

8. Tú .... (ver) las películas en internet.
a) veo   b) ves   c) veis   d) ven

9. El gato de Ana .... (romper) las plantas.
a) rompe   b) rompes   c) rompo   d) rompemos

10. ¿Tú .... (saber) dónde está mi primo?
a) sabe   b) sabes   c) sabemos   d) saben

11. Usted .... (deber) hablar con el director.
a) debe   b) debo   c) debes   d) deben

12. Yo .... (creer) que eso es mentira.
a) cree   b) creo   c) crees   d) creéis

3. Selecciona la opción correcta. (Verbos acabados en IR)

1. Mi tío .... (vivir) cerca del centro de la ciudad.
a) vivo   b) vives   c) vivimos   d) vive

2. Yo .... (abrir) la puerta con la llave roja.
a) abro   b) abres   c) abre   d) abrimos

3. Ellos siempre .... (subir) en ascensor.
a) sube   b) subís   c) subimos   d) suben

4. Mi hermano .... (escribir) novelas criminales.
a) escribo   b) escribe   c) escribes   d) escribís

5. Ellos siempre .... (discutir) por dinero.
a) discuten   b) discutes   c) discutís   d) discute

6. Los niños .... (recibir) regalos en Navidad.
a) recibe   b) reciben   c) recibes   d) recibo

7. Ella .... (decidir) quién puede entrar en la sala.
a) decido   b) decides   c) decide   d) decidimos

8. Marcos y Eva .... (asistir) a todos los eventos.
a) asisto   b) asistes   c) asistimos   d) asisten

9. Yo .... (describir) la imagen en el examen.
a) describís   b) describe   c) describes   d) describo

10. ¿Usted .... (imprimir) los ejercicios en papel?
a) imprimen   b) imprimo   c) imprime   d) imprimes

11. Sus padres .... (sufrir) cuando él está enfermo.
a) sufre   b) sufrimos   c) sufro   d) sufren

12. Nosotros .... (aplaudir) al final del concierto.
a) aplaudes   b) aplauden   c) aplaudimos   d) aplaudís

4. Completa la tabla. Pasa las siguientes frases del presente al futuro y del futuro al presente.

PRESENTE	FUTURO
Yo como en casa	Yo voy a comer en casa
Él bebe agua	1.
2.	Tú vas a viajar a España
Estudio en la biblioteca	3.
4.	Voy a leer un libro
Desayunamos a las 9:00	5.
6.	Él va a comprar una moto
Tengo clases de inglés	7.
8.	¿Qué vas a hacer?

5. Contesta a las siguientes preguntas.

1. ¿Qué haces en un día normal?

2. ¿Qué vas a hacer mañana?

3. ¿Trabajas en una fábrica?

4. ¿Vas a trabajar el próximo viernes?

5. ¿Viajas todos los años?

6. ¿Vas a viajar el próximo año?

6. Escucha y completa la canción con las palabras que faltan. (Puedes utilizar YouTube, Spotify, etc)

Yo contigo, tú conmigo, Álvaro Soler y Morat

¿Por qué, por qué, por qué?
Te …..1….. en el espejo aunque no estés.
Reconozco tu voz, sé que hay algo …..2….. entre los dos.
Siento, siento, siento, que te conozco de antes de hace tiempo.
Que el destino cumplió su …..3…..
Y aunque quieran quitarme la voz, yo pegaré un grito al cielo.
Soy más fuerte si …..4….. los dos.
Va a rendirse el mundo entero.
Yo contigo, tú …..5…..
Le daré la vuelta al cuento y aunque muera en el intento.
Vamos a …..6….. lo mejor. Yo contigo, tú conmigo.
Gon gon goro gon gon
¿Quién va a ser mi gon gon goro gon gon?
Gon gon goro gon gon
¿Quién va a ser mi gon gon goro gon gon?

¿Por qué, por qué, por qué?
Te …..7….. cuando hablo y aunque no estés
Eres parte de mí y no quiero verme sin ti
Siento, siento, siento.
Que te conozco de antes, de hace …..8…..
Que el destino cumplió su misión
Y aunque quieran quitarme la voz
Yo pegaré un grito al …..9…..
Soy más fuerte si estamos los dos.
Va a rendirse el mundo entero.
Yo …..10….. tú conmigo.
Le daré la vuelta al cuento y aunque muera en el intento.
Vamos a …..11….. lo mejor. Yo contigo, tú conmigo,
Gon gon goro gon gon
¿Quién va a ser mi gon gon goro gon gon?
Gon gon goro gon gon
¿Quién va a ser mi gon gon goro gon gon?
Contra el …..12…..
Nuestro momento, sé que ya llegó y lo presiento
Contra el …..13……, los mares, no habrá quien nos separe
Contra el viento, el viento oh
Yo pegaré un grito al cielo, soy más …..14….. si estamos los dos
Va a rendirse el mundo entero

7. Completa el siguiente texto.

Buenos días, mi nombre es Julio, tengo trece .....1....., un poco más de un año. Soy un niño muy bueno.

Mi papá es profesor y mi mamá trabaja en una oficina. A mi papá le gusta .....2..... jugar al fútbol, mi mamá prefiere leer libros y escuchar música.

Todos los días hago muchas cosas. Por la .....3..... desayuno con mi hermano mayor. Más tarde, ...4..... las 10:00 y las 12:00 juego con mis papás. Nosotros siempre .....5..... juntos en el salón, por la tarde paso tiempo con mis abuelos.

Mi .....6..... es pequeña, pero tiene un jardín muy bonito. Mi perro se llama Godzilla, es grande y de color marrón.

Me gusta .....7..... en la cama de mis papás, todos los días dormimos juntos. Creo que a ellos también les gusta mucho, por eso voy a hacerlo toda la vida.

1.	A. meses	B. días	C. dedos
2.	A. muy	B. mucho	C. mi
3.	A. tarde	B. noche	C. mañana
4.	A. entre	B. en	C. de
5.	A. comen	B. coméis	C. comemos
6.	A. casa	B. gato	C. bicicleta
7.	A. dormirse	B. duermo	C. dormir

8. Une cada texto con una frase.

A	**Barcelona** Cinco días en esta bonita ciudad. En el precio del viaje tienes cuatro noches en un hotel, excursiones, entradas a museos, transportes, desayunos, comidas y cenas. Precio: 359 euros
B	**Mallorca** Vacaciones en la playa, siete días disfrutando del mar Mediterráneo. El hotel tiene tres piscinas espectaculares y cuatro restaurantes con diferentes tipos de comida. Precio: 400 euros entre junio y septiembre, 300 euros entre octubre y mayo.
C	**Sierra Nevada** Tres días esquiando en Sierra Nevada, para toda la familia, descuentos especiales para grupos. El viaje se realiza solamente en temporada de invierno. Precio: 275 euros, incluye alojamiento, acceso a las pistas de esquí y alquiler del equipo.
D	**Camino de Santiago** Se organiza un viaje en grupo para hacer la ruta del Camino de Santiago a pie. Salimos desde Pamplona el 17 de agosto, vamos a caminar unos veinte kilómetros cada día y planeamos llegar a Santiago el 10 de septiembre. Llama al teléfono 641 123 887 si quieres más información.

1.	En este lugar va a hacer frío.	
2.	El viaje dura más de tres semanas.	
3.	El viaje cuesta más en verano.	
4.	No tienes que pagar más por la comida.	

9. Completa las columnas con las siguientes palabras.

Pantalones	Cuarto de baño	Verde
Fruta	Zapatos	Bocadillo
Rojo	Dormitorio	Azul
Jardín	Pescado	Verdura
Ascensor	Negro	Camisa
Falda	Camiseta	Habitación
Gris	Pan	Amarillo

CASA	COMIDA	ROPA	COLORES

10. Ahora utiliza algunas de las palabras anteriores para crear frases.

Yo tengo una camiseta de color rojo.

....

....

....

....

11. Escucha y completa la canción con las palabras que faltan. (Puedes utilizar YouTube, Spotify, etc)

La libertad, Álvaro Soler

Las cuatro paredes de …..1….. hogar
No eran suficientes para aguantar
Llevábamos dentro algo más, picaba la curiosidad
Las …..2….. paredes cayeron ya

Recuerdo el momento
Nos fuimos a …..3…..
Un mundo más allá

Correr con el …..4…..
Rumbo a la libertad
Y a mí qué más me da

Si fue una locura, una locura
Y no íbamos a …..5…..
Si fue una locura, una locura
Íbamos a volar

…..6….. el momento
Nos fuimos a buscar
Un mundo más allá
La …..7…..

El cielo, el cielo, ábrelo ya
Que ahora sabemos cómo ir a …..8…..
Yo nunca olvidé lo que fui, siempre será parte de mí
El cielo, el cielo, ábrelo …..9…..

Recuerdo el momento
Nos fuimos a buscar
Un …..10….. más allá

Correr con el viento
Rumbo a la libertad
Y a mí …..11….. más me da

12. Une cada texto con una frase.

A
SE VENDE ORDENADOR

Casi nuevo, utilizado solo durante tres meses.
Precio muy bajo.
Si quieres comprarlo puedes llamarme al número de teléfono: 605 761 821

B
ENTRENAMIENTO DE FÚTBOL PARA GATOS

Si tienes un gato y no sabes qué hacer con él, puedes venir a nuestros entrenamientos de fútbol especiales para gatos.
Tu mascota y tú vais a disfrutar juntos. La primera clase es totalmente gratis.
Los entrenamientos son todos los martes y jueves de 18:00 a a 19:30 en la pista de fútbol de la Ciudad Deportiva.

C
NUEVA TIENDA EN TU CIUDAD

Abrimos en la calle Mayor.
Desde el próximo viernes 5 de febrero vas a poder comprar los mejores productos al mejor precio.
Durante los siete primeros días, todas las frutas y verduras van a estar al 50%.

D
LAS MEJORES TARTAS

¿Tienes invitados en casa? ¿Celebras tu cumpleaños? ¿O simplemente amas los dulces?
Hacemos tartas de todos los sabores y colores, para niños y para adultos.
Puedes encontrarnos en el centro comercial Las Torres.
También hablamos inglés y polaco.

1.	No es un producto nuevo.	
2.	Algunos productos son más baratos durante una semana.	
3.	Los trabajadores pueden hablar en diferentes idiomas.	
4.	La actividad es por las tardes.	

13. Forma frases utilizando las expresiones de los dos globos y los conectores "por eso" y "porque".

tengo un examen mañana   me gusta ver películas

no tengo casa   quiero comer pizza

no puedo comprar ropa   voy al hospital

POR ESO   **PORQUE**

estoy enfermo   vivo con mis padres

voy a ir a un restaurante italiano   no tengo dinero

voy a ir al cine con mi novio   voy a estudiar

Tengo un examen mañana, por eso voy a estudiar.

....

....

....

....

....

....

14. Completa el siguiente texto.

Hola Marcos,

Como ya sabes, voy …..1….. viajar a tu ciudad el próximo verano, estoy muy emocionado, es mi primer viaje sin mis padres. Quiero visitar …..2….. museo de arte, dicen que es fantástico. Mi plan es viajar …..3….. avión, así que voy a comprar los billetes esta semana.

¿Tengo …..4….. buscar un hotel o puedo dormir en tu casa? No necesito una cama, puedo dormir en …..5….. sofá. Vas a ver los desayunos tan buenos que voy a preparar, soy un experto cocinero. ¿Recuerdas que mi familia …..6….. un restaurante?

¿Qué temperatura hace en tu ciudad en verano? Algunas personas dicen que puede hacer frío por las noches y que necesitas llevar una …..7….. ¿Es verdad?

Tengo muchas ganas de verte, un abrazo,
Raúl

1.	A. de	B. a	C. en
2.	A. la	B. el	C. a
3.	A. en	B. de	C. a
4.	A. de	B. a	C. que
5.	A. la	B. el	C. una
6.	A. está	B. es	C. tiene
7.	A. botella	B. chaqueta	C. cabeza

15. Completa las columnas con las siguientes palabras.

Abuelo	Barco	Bicicleta
Moto	Pelo	Agosto
Ojo	Avión	Nariz
Primo	Junio	Padre
Marzo	Tío	Abril
Hijo	Enero	Cabeza
Coche	Tren	Mayo

MESES	FAMILIA	TRANSPORTES	CUERPO

16. Ahora utiliza algunas de las palabras anteriores para crear frases.

Mi hijo va al trabajo todos los días en coche.

....

....

....

....

17. Escucha y completa la canción con las palabras que faltan. (Puedes utilizar YouTube, Spotify, etc)

23 de junio, Vetusta Morla

Antes del .....1..... levanta las velas
Guarda en tu falda los granos de arroz
Y haz ceremonias de .....2..... llena
Antes del frío, lánzamelos

Cuida este vals que tenemos en vena
Cuida del baile y riega el .....3.....
Lleva la barca hasta la albufera
Pon el .....4..... en un mostrador

Y que San Juan no nos queme en su hoguera
.....5..... descubra quién la saltó

Deja el equipaje en la ribera
Para verte como .....6..... que te vea
Deja el equipaje en la ribera y quémalo.

Haz que este .....7..... merezca la pena
Yo haré lo propio con esta canción
Y si al final no hay más que comedia
Deja que el .....8..... nos lleve a los dos

Y que San Juan no nos queme en su hoguera
Ni haga de esto un negocio menor
Cruza los .....9..... por mí
Y antes de que vuelva a mirar
Busca el .....10..... a favor

Y deja el equipaje en la ribera
Para verte como quieres que te vea
Sabes que .....11..... está bien
No hay error
Deja el equipaje en la ribera
Para verme como quiero que me veas
Lánzate al .....12..... otra vez, aquí espero yo.

18. Une cada imagen con un texto.

A   B   C

1. MARÍA

Es una chica muy simpática, vive con sus dos hermanas en un apartamento muy bonito. Trabaja en una oficina en el centro de la ciudad. Tiene el pelo rubio y largo. Le gusta llevar vestidos largos, sombrero y gafas de sol.

2. ELENA

Tiene veintitrés años y estudia en la universidad. Su cumpleaños es el trece de julio. Tiene los ojos grandes y verdes. Elena tiene el pelo corto y castaño. A ella le gusta llevar pantalones largos y utiliza gafas para leer.

3. ESTEFANÍA

A Estefanía le gusta mucho ir a las tiendas de ropa y comprar. Tiene el pelo largo y los ojos verdes. Ella trabaja en un supermercado que está cerca de su casa. Estefanía lleva unas botas altas, una camiseta de manga larga y una falda corta.

19. Contesta a las siguientes preguntas.

1. ¿Cómo te llamas?
2. ¿Cuántos años tienes?
3. ¿Cuándo es tu cumpleaños?
4. ¿Tienes hermanos?
5. ¿Con quién vives?
6. ¿Dónde vives?
7. ¿Qué te gusta hacer?
8. ¿Qué te gusta comer?
9. ¿Qué ropa llevas ahora?
10. ¿Qué color te gusta?
11. ¿Cuándo vas a ir de vacaciones?
12. ¿Cómo es tu amigo?
13. ¿Qué le gusta hacer a tu prima?
14. ¿Qué haces normalmente los sábados?
15. ¿Cómo vas a la escuela o al trabajo todos los días?
16. ¿Haces deporte?
17. ¿Cómo es tu casa?
18. ¿Cuántos idiomas puedes hablar?
19. ¿Qué mes te gusta más? ¿Por qué?

CONSEJOS PARA EL EXAMEN

Comprensión de lectura

Debes responder a todas las preguntas, los errores no quitan aciertos.

Es importante leer bien todas las respuestas y entenderlas, hay algunas veces que una posible respuesta tiene una palabra exactamente igual que otra que hay en el texto, pero la frase no significa lo mismo.

Para algunas personas, es mejor leer las respuestas antes que el texto y encontrar las palabras clave de las respuestas.

Tienes que organizarte bien y no perder tiempo, tienes 45 minutos, puedes practicar en casa con un cronómetro. Lo mejor es hacer las cuatro tareas en 35 minutos, utilizar 5 minutos para revisar todo y otros 5 minutos para leer los enunciados de la parte de comprensión auditiva.

Comprensión auditiva

Vas a escuchar los audios dos veces, no debes ponerte nervioso.

Antes de escuchar los audios, tienes que leer bien las preguntas y respuestas posibles.

Responde a todas las preguntas, también a las que no has entendido bien, los errores no quitan aciertos.

Puedes subrayar palabras clave antes de empezar a escuchar la tarea. También puedes escribir anotaciones en el papel.

Expresión e interacción escritas

Practica en casa o con tu profesor.

Es muy importante responder exactamente a lo que se te pide, sin olvidar ningún punto.

En el examen solo tienes que escribir palabras o frases cortas. Usa las comas y los puntos.

Utiliza estructuras simples, que conoces y has practicado antes, para no cometer errores.

Al terminar de escribir, repasa la ortografía.

Expresión e interacción orales

Vas a tener que hacer una presentación y hablar sobre ti mismo.

Responde a todos los puntos que se te piden, es muy importante.

Puedes practicar esto en casa fácilmente, las preguntas siempre van a ser sobre tus amigos, casa, mascotas, familiares, gustos, lugares preferidos, estudios, trabajos, etc.

El examinador va a comprobar si puedes expresarte y responder solo, sin ayuda.

El calificador va a comprobar si utilizas el presente de indicativo y los posesivos "mi, tu, su…"

Las preguntas son sencillas y similares, puedes llevar las estructuras de las respuestas preparadas de casa, por ejemplo: *No tengo animales en casa,* **a mí me gustan mucho** *los gatos,* **pero a mis padres no les gustan**.

Prepara respuestas utilizando: **me gusta**, **creo que**, **quiero**, **porque**, **tengo que** y **voy a**.

COSAS IMPORTANTES PARA EL EXAMEN

· Masculino / femenino.

· Singular / plural.

· Días de la semana.

· Colores.

· Descripción física. (alto / bajo / gordo / delgado…)

· Sábado y domingo = fin de semana.

· Por la mañana / tarde / noche.

· Meses del año.

· Solo / con alguien.

· Localización de lugares (al lado de / cerca / lejos…)
Mi casa está lejos del supermercado.

· Miembros de la familia (padre / madre / tío / abuela…)

· También / tampoco.

· Hay.

· Me gusta / no me gusta / me encanta / odio.

· Aquí / ahí / allí.

· Ahora / hoy / mañana.

· Mucho / bastante / poco.

· Estar + adjetivo (estoy cansado / estamos felices…)

· Pero.

VOCABULARIO
Y
MODELO 1

1. Completa utilizando las siguientes palabras:

Bolso, ojos, leche, móvil, bigote, sobre, gafas, llave, hombre, juego, nariz, ordenador, carne, pescado, cerveza, pelo, pareja, tarjeta, casa, mesa, mujer, arroba, maleta, té, calle, huevo, camarero.

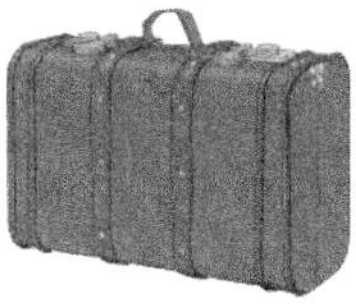

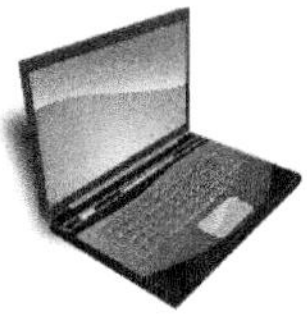

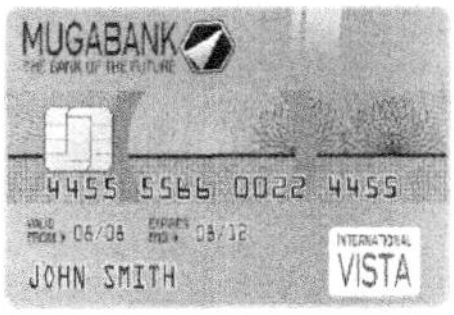
MUGABANK
4455 5566 0022 4455
JOHN SMITH
VISTA

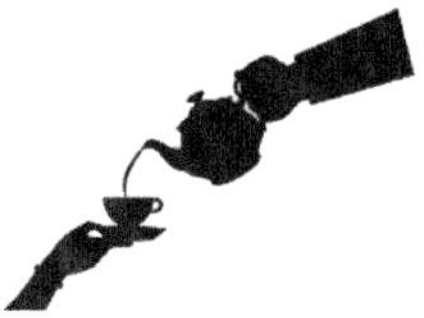

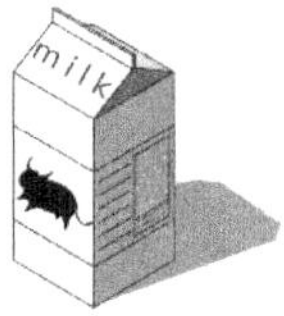
milk

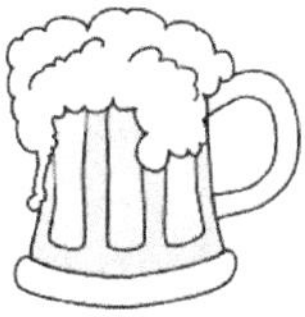

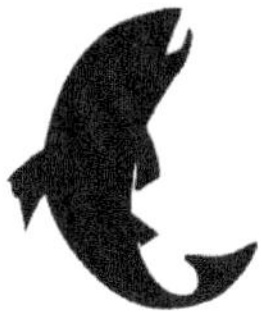

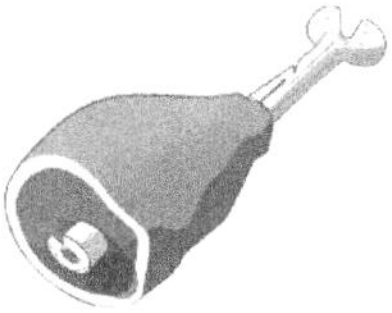

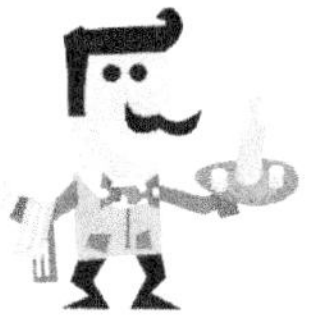

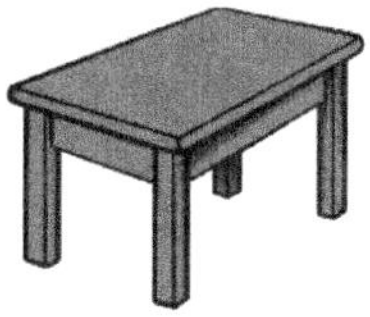

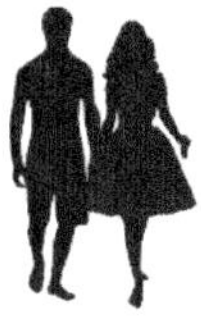

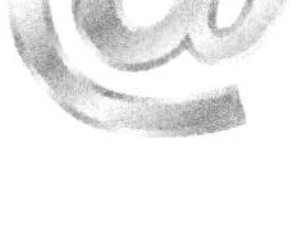

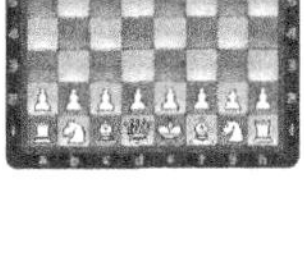

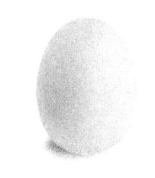

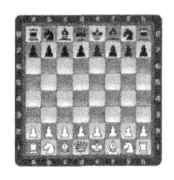

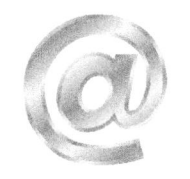

2. Completa las frases con los siguientes verbos:

LEVANTARSE – DUCHARSE – ESCUCHAR – CENAR – ESCRIBIR – ENTENDER – HACER – COMPRAR – VIAJAR – NADAR

1. Nos gusta mucho hacer deporte, por eso, vamos a ir a la piscina para ....

2. Mi hermana odia .... por las mañanas, no puede salir de la cama.

3. El nuevo profesor habla muy rápido, no puedo .... nada.

4. Me encanta este cantante, no me canso de .... sus canciones.

5. Esta noche vamos a .... en mi restaurante preferido.

6. A mi mujer no le gusta bañarse, ella prefiere .... porque es más rápido y no tiene mucho tiempo.

7. Soy secretaria, en mi trabajo tengo que llamar por teléfono y .... muchos correos electrónicos.

8. Hay una tienda en el centro que me gusta mucho, siempre voy allí para .... ropa.

9. Vamos a .... a Málaga este verano. Van a ser nuestras primeras vacaciones en familia.

10. Tengo que .... los deberes todos los días, mis padres me ayudan con los de matemáticas porque son difíciles.

MODELO 1
HOJA DE RESPUESTAS

PRUEBA 1, COMPRENSIÓN DE LECTURA

Tarea 1
1. A☐ B☐ C☐
2. A☐ B☐ C☐
3. A☐ B☐ C☐
4. A☐ B☐ C☐
5. A☐ B☐ C☐

Tarea 2
6. A☐ B☐ C☐ D☐ E☐ F☐ G☐ H☐ I☐ J☐
7. A☐ B☐ C☐ D☐ E☐ F☐ G☐ H☐ I☐ J☐
8. A☐ B☐ C☐ D☐ E☐ F☐ G☐ H☐ I☐ J☐
9. A☐ B☐ C☐ D☐ E☐ F☐ G☐ H☐ I☐ J☐
10. A☐ B☐ C☐ D☐ E☐ F☐ G☐ H☐ I☐ J☐
11. A☐ B☐ C☐ D☐ E☐ F☐ G☐ H☐ I☐ J☐

Tarea 3
12. A☐ B☐ C☐ D☐ E☐ F☐ G☐ H☐ I☐ J☐
13. A☐ B☐ C☐ D☐ E☐ F☐ G☐ H☐ I☐ J☐
14. A☐ B☐ C☐ D☐ E☐ F☐ G☐ H☐ I☐ J☐
15. A☐ B☐ C☐ D☐ E☐ F☐ G☐ H☐ I☐ J☐
16. A☐ B☐ C☐ D☐ E☐ F☐ G☐ H☐ I☐ J☐
17. A☐ B☐ C☐ D☐ E☐ F☐ G☐ H☐ I☐ J☐

Tarea 4
18. A☐ B☐ C☐
19. A☐ B☐ C☐
20. A☐ B☐ C☐
21. A☐ B☐ C☐
22. A☐ B☐ C☐
23. A☐ B☐ C☐
24. A☐ B☐ C☐
25. A☐ B☐ C☐

PRUEBA 2, COMPRENSIÓN AUDITIVA

Tarea 1
1. A☐ B☐ C☐
2. A☐ B☐ C☐
3. A☐ B☐ C☐
4. A☐ B☐ C☐
5. A☐ B☐ C☐

Tarea 2
6. A☐ B☐ C☐ D☐ E☐ F☐ G☐ H☐ I☐
7. A☐ B☐ C☐ D☐ E☐ F☐ G☐ H☐ I☐
8. A☐ B☐ C☐ D☐ E☐ F☐ G☐ H☐ I☐
9. A☐ B☐ C☐ D☐ E☐ F☐ G☐ H☐ I☐
10. A☐ B☐ C☐ D☐ E☐ F☐ G☐ H☐ I☐

Tarea 3
11. A☐ B☐ C☐ D☐ E☐ F☐ G☐ H☐ I☐ J☐ K☐ L☐
12. A☐ B☐ C☐ D☐ E☐ F☐ G☐ H☐ I☐ J☐ K☐ L☐
13. A☐ B☐ C☐ D☐ E☐ F☐ G☐ H☐ I☐ J☐ K☐ L☐
14. A☐ B☐ C☐ D☐ E☐ F☐ G☐ H☐ I☐ J☐ K☐ L☐
15. A☐ B☐ C☐ D☐ E☐ F☐ G☐ H☐ I☐ J☐ K☐ L☐
16. A☐ B☐ C☐ D☐ E☐ F☐ G☐ H☐ I☐ J☐ K☐ L☐
17. A☐ B☐ C☐ D☐ E☐ F☐ G☐ H☐ I☐ J☐ K☐ L☐
18. A☐ B☐ C☐ D☐ E☐ F☐ G☐ H☐ I☐ J☐ K☐ L☐

Tarea 4
19. A☐ B☐ C☐ D☐ E☐ F☐ G☐ H☐ I☐
20. A☐ B☐ C☐ D☐ E☐ F☐ G☐ H☐ I☐
21. A☐ B☐ C☐ D☐ E☐ F☐ G☐ H☐ I☐
22. A☐ B☐ C☐ D☐ E☐ F☐ G☐ H☐ I☐
23. A☐ B☐ C☐ D☐ E☐ F☐ G☐ H☐ I☐
24. A☐ B☐ C☐ D☐ E☐ F☐ G☐ H☐ I☐
25. A☐ B☐ C☐ D☐ E☐ F☐ G☐ H☐ I☐

Prueba 1. Comprensión de lectura

Esta prueba tiene cuatro tareas. Usted debe responder a 25 preguntas.

⏱ La duración es de 45 minutos.

Escriba únicamente en la **Hoja de respuestas**.

TAREA 1

INSTRUCCIONES

Usted va a leer un correo electrónico de Jorge a un amigo. A continuación, tiene que leer las preguntas (de la 1 a la 5) y seleccionar la opción correcta (A, B o C).

Hola Paco:

¿Qué tal tus vacaciones? Yo voy a ir con mi familia a la playa el próximo martes, mi novia no puede ir este año con nosotros porque tiene que trabajar. Vamos a visitar diferentes lugares, primero queremos ir a Valencia, allí vamos a alquilar un coche y vamos a ir hacia el norte. A mi padre le gustan mucho las playas de Castellón y Tarragona, por eso pasamos allí casi todos los veranos. Es el primer año que mi abuelo no va a ir con nosotros, dice que está un poco malo y prefiere no viajar.

Tengo una habitación nueva, tienes que verla, te va a encantar, ahora tengo una mesa más grande que antes, si vienes un día a mi casa podemos jugar a algunos juegos. ¿Y tu madre cómo está? ¿Sigue trabajando en el hospital? Voy a ir el domingo al centro, ¿quedamos para tomar un café o para cenar? Hasta pronto,

Jorge

PREGUNTAS

1. Jorge…

A) vive en Castellón.

B) dice que su novia no va a ir de vacaciones con él.

C) va a viajar al pueblo de su abuelo en verano.

2. En el texto se dice que…

A) Jorge va a viajar solo el próximo martes.

B) el hospital está cerca de la casa de Jorge.

C) el abuelo de Jorge está enfermo.

3. En el correo, Jorge le cuenta a Paco que…

A) tiene muebles nuevos en su dormitorio.

B) su cama nueva es muy cómoda.

C) vive en una casa muy grande.

4. Jorge quiere…

A) ver a su amigo Paco el fin de semana.

B) viajar con su amigo.

C) ver la casa nueva de su amigo.

5. La familia de Jorge va a viajar en…

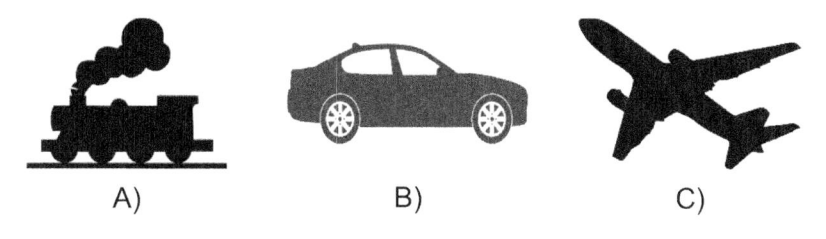

A)   B)   C)

TAREA 2

INSTRUCCIONES

Usted va a leer unos mensajes. Tiene que relacionar los mensajes (A - I) con las frases (de la 6 a la 11). Hay nueve mensajes. Tiene que seleccionar seis.

CINE ALBA
SESIONES ESPECIALES DE LA SAGA
STAR WARS

A

ESTOY EN PARO
Si tu empresa necesita a alguien, puedes contactar conmigo.
Tlf: 657 291 123
Email: robertlew@gmal.es

B

VENDO COCHES Y MOTOS

Buen precio
Coches nuevos
Ofertas especiales

C

CLASES DE RUSO

PARA TODOS LOS NIVELES
GRUPOS DE 4 PERSONAS
PROFESORES NATIVOS

D

E

HORARIO

LA EXPOSICIÓN DEL MUSEO ESTÁ ABIERTA TODOS LOS DÍAS DE 08:00 A 12:00

F

NO SE PUEDE ESCRIBIR EN LA PIZARRA DEL PROFESOR, GRACIAS.

G

DISCOTECA FARAÓN
LA MEJOR MÚSICA CON NUESTRO DJ "JAVI JEFE"
¡OS ESPERAMOS!

H

NO ESTOY EN CASA, TENGO MUCHO TRABAJO EN LA OFICINA. LUEGO TE LLAMO.

I

VIAJE A TENERIFE DEL 29 DE JULIO AL 8 DE AGOSTO. PRECIO: 425 €

	Frases	Mensajes
6	Puedes aprender una lengua extranjera.	
7	Solo puedes ir por las mañanas.	
8	En este lugar puedes ver una película.	
9	Es en verano.	
10	Esta persona no tiene trabajo.	
11	En este lugar puedes bailar.	

TAREA 3

INSTRUCCIONES

Usted va a leer unos anuncios informativos sobre viajes. Tiene que relacionar los anuncios (A - I) con los textos (del 12 al 17). Hay nueve anuncios. Seleccione seis.

	TEXTOS		
12	Somos dos amigas de 18 años. Queremos ir una semana a una isla. Nos gusta escuchar música y bailar.		
13	Me gusta viajar sola y llevar mi cámara a todas partes. Quiero hacer un viaje muy largo y ver cosas de la cultura de mi país.		
14	Queremos ir con nuestros hijos a un hotel. Nos gusta tomar el sol y bañarnos. El hotel tiene que estar cerca del mar.		
15	Me gusta viajar con mi marido, pero no tenemos mucho dinero. Por eso, normalmente viajamos en invierno, es más barato.		
16	Somos muy buenos abuelos, queremos llevar a nuestra nieta de seis años a un viaje especial para ella. Queremos verla feliz.		
17	Quiero ir un fin de semana a un sitio lejos de la ciudad. Necesito respirar aire, ver plantas y animales.		

A

Camino de Santiago
Viaje de tres meses por el norte de España. En el camino vas a encontrar muchos monumentos y lugares interesantes para fotografiar.

B

Disneyland
El paraíso de los niños. Si estáis pensando en dar algo especial a los niños pequeños de la casa, Disneyland es vuestra mejor opción.

C

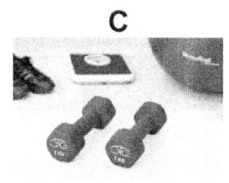

Valencia
Viaje para deportistas. Cuatro días en un hotel especial para hacer deporte. Correr, nadar o jugar al tenis con entrenadores.

D

San Sebastián
Nuestro cocinero es conocido en todo el mundo. Los clientes vienen desde muy lejos para probar sus deliciosos platos.

E

París
Hotel con un precioso jardín. Ofertas especiales para parejas en los meses de enero y febrero.

F

Mallorca
Siete días en un hotel junto a la playa con piscina y todo incluido. Vacaciones perfectas para disfrutar en familia.

G

Pirineos
Tres días en la montaña para disfrutar de la naturaleza. De viernes 4 a domingo 6 de abril.

H

Ibiza
Fiesta durante siete días. Viaje para jóvenes que buscan pasarlo bien con amigos. Conciertos y discotecas.

I

Sevilla
Visita cultural de un día por Sevilla. Precio: 25€
Entradas a todos los museos y comida en restaurante de tapas.

TAREA 4

INSTRUCCIONES

Usted va a leer información de los cursos de verano de una escuela. A continuación, tiene que leer las preguntas (de la 18 a la 25) y seleccionar la opción correcta (A, B o C).

INGLÉS

Para niños de 6 a 8 años. Con una profesora de Inglaterra. Las clases van a ser divertidas, con muchos juegos.

Lugar:
Biblioteca grande de la escuela, en el primer piso. No la pequeña que está al lado del comedor.

Horario:
Todos los lunes y miércoles de 17:00 a 18:00.

Precio:
2 € cada clase. Gratis para familias con 3 hijos o más.

FOTOGRAFÍA

Curso de fotografía para todas las edades. Los niños deben tener su propia cámara de fotos.

Lugar:
En la calle, el parque, el centro comercial y el museo. Cada semana visitamos un lugar nuevo.

Horario:
Una vez a la semana. Sábados a las 11:00.

Precio:
25 € al mes o 10 € por un día.

INFORMÁTICA

Clases de informática de nivel avanzado. Para estudiantes de más de 15 años. Word, Excel, Power Point.

Lugar:
En la clase de informática. Los niños no tienen que llevar sus ordenadores.

Horario:
De lunes a viernes a las 19:00 y sábados a las 10:00

Precio:
De lunes a viernes: 5 € por clase
Sábados: 7 € por clase

18. Las clases de informática…

A) son en la casa del profesor.
B) son más caras los sábados.
C) son por la mañana todos los días.

19. Las familias con muchos hijos…

A) tienen una cámara de fotos gratis.
B) no pueden hacer el curso de informática.
C) no pagan por las clases de inglés.

20. El curso de fotografía…

A) es para niños mayores de 10 años.
B) es para todos los niños.
C) es en el parque todas las semanas.

21. La profesora de inglés…

A) es de un país donde se habla inglés.
B) no habla inglés muy bien.
C) no tiene hijos de 6 a 8 años.

22. En la clase de informática…

A) los niños deben tener más de 15 años.
B) se puede jugar a juegos de ordenador.
C) los niños necesitan sus propios ordenadores.

23. Las clases del curso de fotografía…

A) son más baratas que las del curso de inglés.
B) son con la profesora de inglés.
C) son por la mañana.

24. En la escuela…

A) hay una clase especial para el curso de fotografía.
B) hay dos bibliotecas, una grande y una pequeña.
C) no hay un comedor.

25. Las clases de inglés…

A) van a ser muy difíciles.
B) son dos veces a la semana.
C) son los fines de semana.

Prueba 2. Comprensión auditiva

Esta prueba tiene **cuatro tareas**. Usted debe responder a 25 preguntas. La duración es de 25 minutos. Utilice la **Hoja de respuestas**. El audio se encuentra en el vídeo de **YouTube** "**Comprensión Auditiva NUEVO DELE A1 2020**".

TAREA 1
Audio en vídeo de YouTube (0:01)

INSTRUCCIONES
Usted va a escuchar cinco conversaciones dos veces. Hablan dos personas. Hay una pregunta y tres imágenes (A, B y C) para cada conversación. Tiene que seleccionar la imagen que responde a la pregunta.

1. ¿Qué va a comer la mujer?

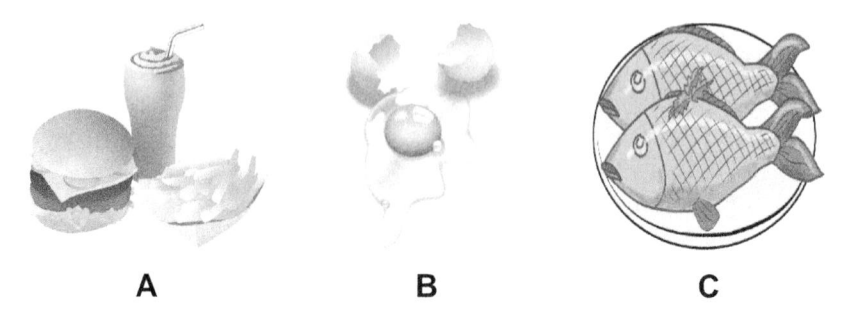

A   B   C

2. ¿A qué se dedica el hombre?

A   B   C

3. ¿Qué quiere comprar la mujer?

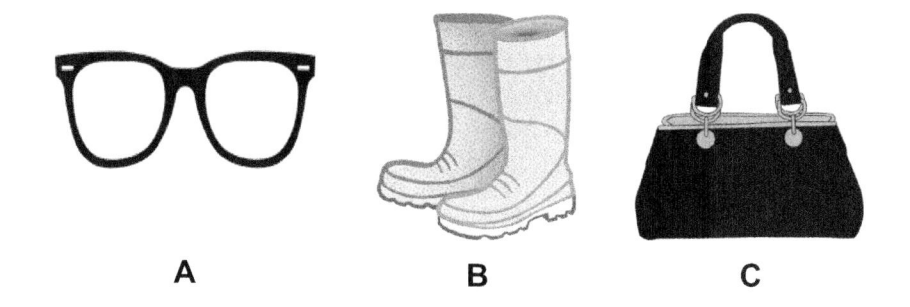

A　　　　　　　　B　　　　　　　　C

4. ¿Qué cosa no tiene la mujer?

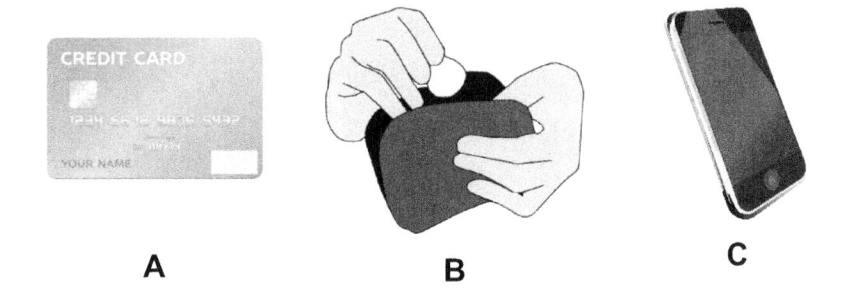

A　　　　　　　　B　　　　　　　　C

5. ¿Qué quiere beber el chico?

A　　　　　　　　B　　　　　　　　C

TAREA 2
Audio en vídeo de YouTube (2:23)

INSTRUCCIONES

Usted va a escuchar cinco mensajes. Cada mensaje se repite dos veces. Tiene que relacionar las imágenes (de la A a la H) con los mensajes (del 6 al 10). Hay ocho imágenes. Seleccione cinco.

	MENSAJES	IMÁGENES
6.	Mensaje 1	
7.	Mensaje 2	
8.	Mensaje 3	
9.	Mensaje 4	
10.	Mensaje 5	

A   B   C   D

E   F   G   H

TAREA 3
Audio en vídeo de YouTube (3:38)

INSTRUCCIONES

Usted va a escuchar a una persona que habla sobre sus amigos. Tiene una lista con los nombres de los amigos y otra con la información sobre ellos. Usted tiene que relacionar los números (del 11 al 18) con las letras (de la A a la K). Hay once letras, seleccione ocho.

11.	Marta
12.	Pedro
13.	Juan
14.	Eva
15.	Carlos
16.	Cristina
17.	Roberto
18.	María

A.	Le gusta mucho ver películas.
B.	Le gusta mucho hacer deporte.
C.	Es de otro país.
D.	Su cumpleaños es en primavera.
E.	Siempre come en casa.
F.	Tiene muchos años.
G.	Vive con su novia.
H.	Vende manzanas, naranjas y plátanos en su tienda.
I.	Es hija de alemanes.
J.	Compra mucho por Internet.
K.	Es muy religioso.

TAREA 4
Audio en vídeo de YouTube (5:02)

INSTRUCCIONES

Usted debe escuchar dos veces la conversación entre una pareja que habla de su casa. Usted tiene siete frases (de la 19 a la 25) que no están completas. Tiene que leer las frases y seleccionar una opción de la tabla (de la A a la H) para completar las frases. Hay ocho letras. Seleccione siete.

Ahora tiene 30 segundos para leer las frases.

19.	El sofá es ....
20.	El sillón es ....
21.	A Claudia le gusta .... en el sillón.
22.	La habitación de su .... es muy grande.
23.	Claudia quiere tener una .... moderna en el baño.
24.	Alberto dice que va a .... un trabajo nuevo.
25.	Claudia quiere .... las camisetas de Alberto.

A.	azul
B.	comer
C.	vender
D.	viejo
E.	ducha
F.	hijo
G.	dormir
H.	buscar

Prueba 3. Expresión e interacción escritas

Esta prueba contiene **dos tareas**.

⏱ La duración es de 25 minutos.

TAREA 1

INSTRUCCIONES

Usted se presenta a un casting para una película. Debe rellenar un formulario con su información.

CASTING PARA LA PELÍCULA "EL SALVADOR"

Nombre	
Apellidos	
Edad	
Correo electrónico	
Dirección	
Color de ojos	
Color del pelo	
¿A qué te dedicas?	
¿Qué idiomas puedes hablar?	
¿Qué cosas te gusta hacer?	
¿Tienes transporte? ¿Cuál?	

TAREA 2

INSTRUCCIONES

Usted está buscando trabajo. Escriba un anuncio que va a poner en su página de Facebook.

En el mensaje usted tiene que decir:
— en qué zona busca trabajo;
— qué tipo de trabajo le interesa;
— qué días de la semana puede trabajar;
— dónde pueden escribirle o llamarle.

Número de palabras recomendadas: entre 30 y 40.

Prueba 4. Expresión e interacción orales

La prueba de Expresión e interacción orales tiene tres tareas:

• TAREA 1: Presentación personal (1-2 minutos).

• TAREA 2: Exposición de un tema (2-3 minutos).

• TAREA 3: Conversación con el entrevistador (3-4 minutos).

Para la preparación de las tareas 1 y 2, dispone de 10 minutos antes de la prueba.

TAREA 1

INSTRUCCIONES

Usted tiene que preparar su presentación personal para hablar **uno o dos minutos** aproximadamente. Tiene que hablar sobre los siguientes aspectos.

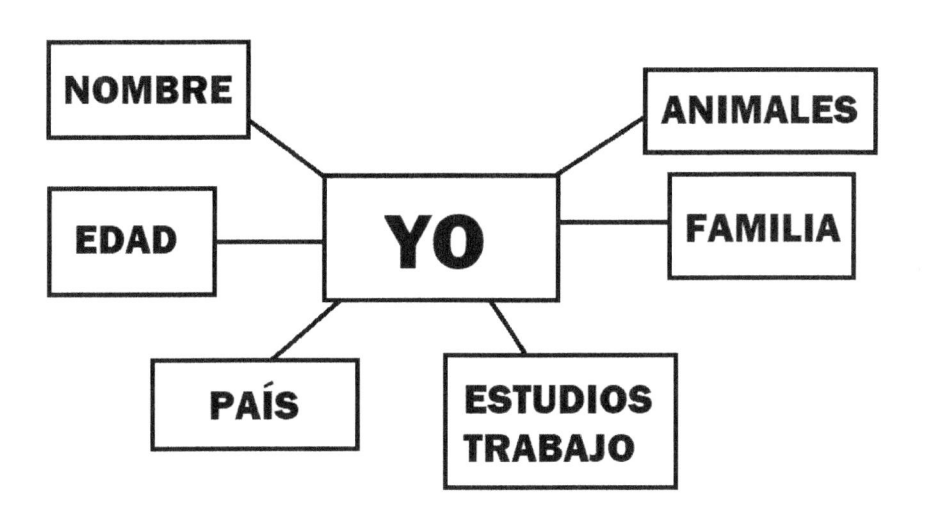

```
   NOMBRE                    ANIMALES
           \                /
   EDAD  —    YO    —  FAMILIA
           /                \
       PAÍS            ESTUDIOS
                       TRABAJO
```

TAREA 2

INSTRUCCIONES

Usted tiene que seleccionar **tres** de las cinco opciones para hablar durante **dos o tres minutos** aproximadamente.

- COMIDA Y BEBIDA
- MI TRABAJO
- MI RUTINA
- TIEMPO CON AMIGOS
- TIEMPO EN CASA
- MIS LUGARES PREFERIDOS

TAREA 3

El entrevistador le va a hacer unas preguntas sobre el tema de la Tarea 2. Después, usted va a hacer dos preguntas al entrevistador sobre el tema de la Tarea 2. La conversación durará **3 o 4 minutos** aproximadamente.

Ejemplo de preguntas que puede hacer el examinador:

· ¿Usted cocina esos platos en casa o va a restaurantes?

· ¿Cómo es su amiga Cristina?

· ¿Su trabajo está cerca de su casa? ¿Cómo va?

VOCABULARIO
Y
MODELO 2

1. Completa utilizando las siguientes palabras:

Puerta, cantante, pantalones, abogado, ascensor, playa, cine, carta, mapa, silla, parada de autobús, escaleras, camisa, ducha, ventana, rey, jabón, puerto, falda, zapatos, cama, montañas, bombero, tren, dinero, avión, enfermera.

....

....

....

....

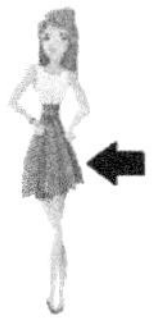

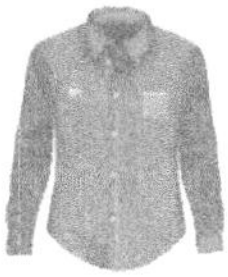

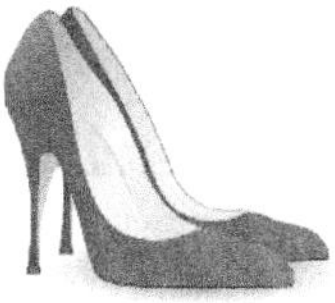

....

....

....

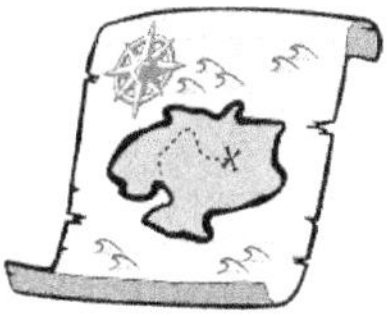

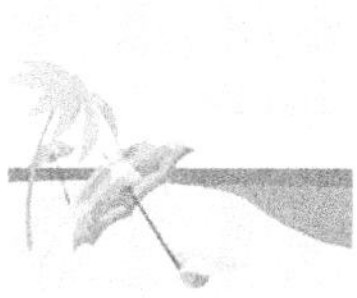

....

....

....

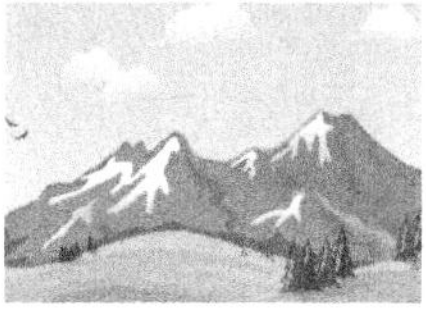

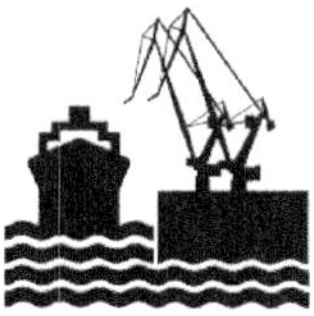

....

....

....

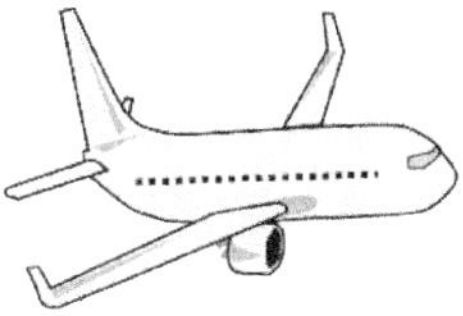

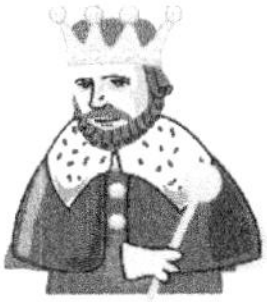

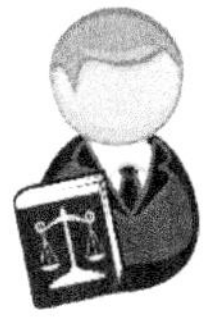

....

....

....

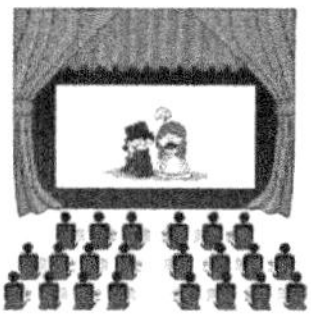

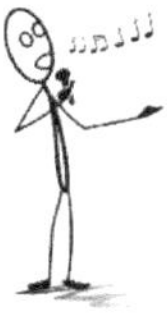

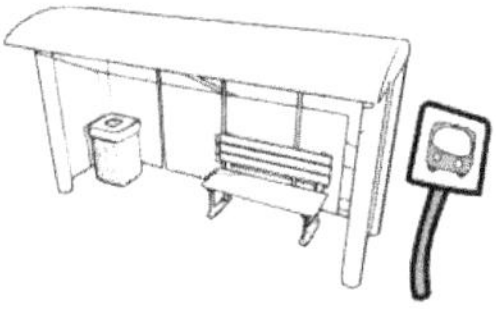

....

....

....

2. Completa las frases con los siguientes verbos:

ESQUIAR – JUGAR – LEER – VER – VENDER – ESTAR – LAVARSE – IR – PAGAR – ENVIAR

1. Perdone, ¿en esta tienda se puede .... con tarjeta de crédito?

2. Mi madre dice que antes de comer hay que .... las manos, es muy importante.

3. Quiero .... a mi tío Luis, está en la ciudad hasta el próximo viernes.

4. Cuando hay nieve en las montañas, se puede ir a ....

5. No tenemos mucho dinero, por eso vamos a .... nuestro coche azul, ya casi no lo utilizamos.

6. A mi hijo le gusta mucho .... libros en español, su preferido es "24 horas, para estudiantes de español".

7. No quiero .... enferma, por eso no me baño en el río en invierno.

8. Me gusta mucho .... al tenis con mi amigo, yo no soy muy bueno, pero él es casi profesional.

9. Vamos a .... a casa de Fernando el sábado por la noche, él va a hacer pizza para todos.

10. Tengo que .... una carta a mis padres, quiero escribirles muchas cosas sobre este viaje.

MODELO 2
HOJA DE RESPUESTAS

PRUEBA 1, COMPRENSIÓN DE LECTURA

Tarea 1
1. A☐ B☐ C☐
2. A☐ B☐ C☐
3. A☐ B☐ C☐
4. A☐ B☐ C☐
5. A☐ B☐ C☐

Tarea 2
6. A☐ B☐ C☐ D☐ E☐ F☐ G☐ H☐ I☐ J☐
7. A☐ B☐ C☐ D☐ E☐ F☐ G☐ H☐ I☐ J☐
8. A☐ B☐ C☐ D☐ E☐ F☐ G☐ H☐ I☐ J☐
9. A☐ B☐ C☐ D☐ E☐ F☐ G☐ H☐ I☐ J☐
10. A☐ B☐ C☐ D☐ E☐ F☐ G☐ H☐ I☐ J☐
11. A☐ B☐ C☐ D☐ E☐ F☐ G☐ H☐ I☐ J☐

Tarea 3
12. A☐ B☐ C☐ D☐ E☐ F☐ G☐ H☐ I☐ J☐
13. A☐ B☐ C☐ D☐ E☐ F☐ G☐ H☐ I☐ J☐
14. A☐ B☐ C☐ D☐ E☐ F☐ G☐ H☐ I☐ J☐
15. A☐ B☐ C☐ D☐ E☐ F☐ G☐ H☐ I☐ J☐
16. A☐ B☐ C☐ D☐ E☐ F☐ G☐ H☐ I☐ J☐
17. A☐ B☐ C☐ D☐ E☐ F☐ G☐ H☐ I☐ J☐

Tarea 4
18. A☐ B☐ C☐
19. A☐ B☐ C☐
20. A☐ B☐ C☐
21. A☐ B☐ C☐
22. A☐ B☐ C☐
23. A☐ B☐ C☐
24. A☐ B☐ C☐
25. A☐ B☐ C☐

PRUEBA 2, COMPRENSIÓN AUDITIVA

Tarea 1
1. A☐ B☐ C☐
2. A☐ B☐ C☐
3. A☐ B☐ C☐
4. A☐ B☐ C☐
5. A☐ B☐ C☐

Tarea 2
6. A☐ B☐ C☐ D☐ E☐ F☐ G☐ H☐ I☐
7. A☐ B☐ C☐ D☐ E☐ F☐ G☐ H☐ I☐
8. A☐ B☐ C☐ D☐ E☐ F☐ G☐ H☐ I☐
9. A☐ B☐ C☐ D☐ E☐ F☐ G☐ H☐ I☐
10. A☐ B☐ C☐ D☐ E☐ F☐ G☐ H☐ I☐

Tarea 3
11. A☐ B☐ C☐ D☐ E☐ F☐ G☐ H☐ I☐ J☐ K☐ L☐
12. A☐ B☐ C☐ D☐ E☐ F☐ G☐ H☐ I☐ J☐ K☐ L☐
13. A☐ B☐ C☐ D☐ E☐ F☐ G☐ H☐ I☐ J☐ K☐ L☐
14. A☐ B☐ C☐ D☐ E☐ F☐ G☐ H☐ I☐ J☐ K☐ L☐
15. A☐ B☐ C☐ D☐ E☐ F☐ G☐ H☐ I☐ J☐ K☐ L☐
16. A☐ B☐ C☐ D☐ E☐ F☐ G☐ H☐ I☐ J☐ K☐ L☐
17. A☐ B☐ C☐ D☐ E☐ F☐ G☐ H☐ I☐ J☐ K☐ L☐
18. A☐ B☐ C☐ D☐ E☐ F☐ G☐ H☐ I☐ J☐ K☐ L☐

Tarea 4
19. A☐ B☐ C☐ D☐ E☐ F☐ G☐ H☐ I☐
20. A☐ B☐ C☐ D☐ E☐ F☐ G☐ H☐ I☐
21. A☐ B☐ C☐ D☐ E☐ F☐ G☐ H☐ I☐
22. A☐ B☐ C☐ D☐ E☐ F☐ G☐ H☐ I☐
23. A☐ B☐ C☐ D☐ E☐ F☐ G☐ H☐ I☐
24. A☐ B☐ C☐ D☐ E☐ F☐ G☐ H☐ I☐
25. A☐ B☐ C☐ D☐ E☐ F☐ G☐ H☐ I☐

Prueba 1. Comprensión de lectura

Esta prueba tiene cuatro tareas. Usted debe responder a 25 preguntas.

⏱ La duración es de 45 minutos.

Escriba únicamente en la **Hoja de respuestas**.

TAREA 1

INSTRUCCIONES

Usted va a leer un mensaje que Natalia le escribe a su hermana Lucia. A continuación, debe leer las preguntas (de la 1 a la 5) y seleccionar la opción correcta (A, B o C).

Hola Lucia, lo siento mucho, no puedo ir el sábado a tu casa. Sé que es tu cumpleaños y que este día es muy importante para ti, pero tengo que hacer el examen práctico del carné de conducir ese mismo día. Estoy un poco nerviosa porque la gente dice que es un examen muy difícil, no sé qué hacer.

Tengo tu móvil en mi casa, puedes pasar por aquí esta tarde y te lo doy. Tienes que tener más cuidado para no perderlo. ¿Qué te parece si nos vemos el domingo y celebramos nosotras dos tu cumpleaños? Podemos ir al teatro y a tu restaurante preferido, yo pago. Quiero contarte muchas cosas, tengo un novio, se llama Francesco y es italiano.

Si hablas hoy con la mamá dile que necesito el vestido azul, quiero ponérmelo para ir al concierto de Shakira de la semana que viene. Muchos besos, Natalia

PREGUNTAS

1. La hermana de Natalia…

A) no tiene coche.

B) celebra su cumpleaños el fin de semana.

C) vive en la misma casa que Natalia.

2. En el texto se dice que…

A) Natalia va a hacer un examen para poder conducir coches.

B) el examen del carné de conducir es fácil.

C) el novio de Lucia no va a ir a su casa.

3. El teléfono de Lucia…

A) es de color azul.

B) es nuevo.

C) está en casa de Natalia.

4. Natalia dice que…

A) quiere invitar a su hermana al teatro y a comer.

B) su novio nuevo es muy joven.

C) vive con su novio en Italia.

5. Para ir al concierto, Natalia necesita…

A)    B)    C)

TAREA 2

INSTRUCCIONES

Usted va a leer unos mensajes. Tiene que relacionar los mensajes (A - I) con las frases (de la 6 a la 11). Hay nueve mensajes. Tiene que seleccionar seis.

A
PLANTAS, ÁRBOLES Y FLORES.

TODO PARA TU CASA, OFERTAS ESPECIALES EN FLORES EXÓTICAS.

B
ANA MARÍA EN CONCIERTO
EL PRÓXIMO 26 DE MARZO A LAS 18:00 EN LA SALA MUSICAL

C
TENGO UNA CASA NUEVA. ¿PODÉIS AYUDARME? NECESITO UNA MESA, SILLAS, UNA CAMA Y DOS ARMARIOS.
VIVO EN EL CENTRO.

D
MUSEO DE ARTE

ENTRADA GRATIS SI VAS CON TUS ABUELOS.

LUNES A VIERNES DE 9:00 A 21:00

SÁBADOS DE 10:00 A 14:00

EXPOSICIÓN DE ARTE GRIEGO Y ROMANO

E

TIENDA DE ANIMALES
TENEMOS TORTUGAS, PERROS, GATOS, PECES, PÁJAROS Y MUCHO MÁS.

BUENA LOCALIZACIÓN, CERCA DE LA PARADA DE AUTOBÚS "LIBERTAD" Y DEL METRO "LUIS VIVES".

F

CLASES DE PIANO

PARA NIÑOS DE 6 A 10 AÑOS

SOY PROFESOR DE MÚSICA DESDE HACE 10 AÑOS EN LA ESCUELA PÚBLICA.

G

ME LLAMO RAFA.

SOY UN HOMBRE SOLTERO, QUIERO CONOCER UNA CHICA PARA PASAR EL TIEMPO JUNTOS.

ME GUSTA VIAJAR Y HACER DEPORTE.

H

MI NOMBRE ES RAÚL GARCÍA MÁRQUEZ. SOY DE ESPAÑA, BUSCO TRABAJO EN EL EXTRANJERO, SOY MÉDICO.

I

DESAYUNOS TODOS LOS DÍAS DE 07:00 A 10:00

CAFÉ CON LECHE + TOSTADA CON QUESO   2€
ZUMO DE NARANJA NATURAL + FRUTA   1,5€

	Frases	Mensajes
6	Cerca hay transporte público.	
7	En este lugar compras cosas para el jardín.	
8	Esta persona tiene dos apellidos.	
9	Es un anuncio de una cantante.	
10	Esta persona no tiene esposa.	
11	Puedes comer y beber algo por la mañana.	

TAREA 3

INSTRUCCIONES

Usted va a leer unos comentarios sobre animales. Tiene que relacionar los comentarios (A - I) con los textos (del 12 al 17). Hay nueve comentarios. Seleccione seis.

	TEXTOS		
12	Quiero tener un animal pequeño, no quiero cuidarlo mucho. Tiene que comer solo. No me gusta limpiar.		
13	Soy una mujer mayor, tengo ochenta años y paso mucho tiempo en el salón de mi casa. Necesito un animal tranquilo.		
14	Me encanta hacer deporte, necesito una mascota igual que yo. Quiero pasar mucho tiempo haciendo ejercicio.		
15	Trabajo mucho y tengo muy mala memoria. Siempre olvido dónde están mis cosas. Pierdo todo lo que tengo, necesito ayuda.		
16	Queremos encontrar un animal para nuestra hija pequeña. Puede ser un gatito o un perrito. No nos gustan los olores fuertes.		
17	Necesito un animal para trabajar en el campo. Tiene que ser fuerte y grande. No me gustan los animales blancos.		

A
Boby
Es muy activo, le gusta jugar a la pelota, saltar y correr por el parque. Tiene mucha energía y nunca se cansa.

B
Kiki
Le encanta pasar tiempo con los niños pequeños, es muy dulce y alegre. Siempre huele muy bien.

C
Kunk
Un hermoso caballo marrón con mucha energía. Es muy fuerte y siempre ayuda con cosas pesadas.

D
Sancho
Es muy inteligente, puede buscar las llaves y el reloj de su dueño. Encuentra todas las cosas fácilmente.

E
Loco
Come todo el tiempo, lo que más le gustan son las patatas fritas. Vuela un poco mal porque está muy gordo.

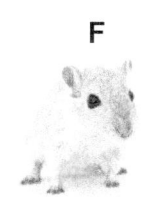

F
Sisi
Es un hámster muy tímido y limpio. Sale al jardín para comer un poco y vuelve a casa. No da problemas.

G
Luca
Pasa medio día en el agua y medio día en la tierra. Es perfecta para gente que tiene piscina.

H
Meiga
Es una perrita muy buena. Descansa casi todo el día, se tumba en el sofá y ve la televisión.

I
Lana
Es una gata muy divertida y sociable, juega con otros animales por la calle. No bebe leche.

TAREA 4

INSTRUCCIONES

Usted va a leer información de tres restaurantes. A continuación, tiene que leer las preguntas (de la 18 a la 25) y seleccionar la opción correcta (A, B o C).

EL TENEDOR

Comida especial para menores de diez años. Organizamos fiestas de cumpleaños para grupos de quince a veinte niños. Estamos en la calle Mayor, en el centro de la ciudad, junto a la estación de trenes.

Horario:
Todos los días de la semana. Desde las 17:00 hasta la noche.

Menú:
Sopas, frutas, verduras y mucha más comida sana. Todos los productos son de buena calidad.

COME Y CALLA

Bueno, bonito y barato. Cerca de la Universidad. Para comer rápidamente y volver a clase. Todos nuestros camareros hablan perfectamente en español, inglés y francés.
Te esperamos.

Horario:
Solo abrimos de octubre a mayo. De lunes a viernes: 7:00 a 21:00.

Menú:
Hamburguesas, bocadillos y patatas fritas a un precio muy bajo. Nuestra salsa es la más picante de todas.

SABROSO

El restaurante está al lado de la playa de la Concha. En una zona muy tranquila para pasear con mascotas, ven con tu perro a comer. Pescamos cada noche y servimos por la mañana.

Horario:
De lunes a viernes, de 08:00 a 14:00. Sábados solo para desayunar.

Menú:
Todo tipo de pescados frescos del mar. Cada persona paga 19 € y recibe 3 platos de comida.

18. Comer en el restaurante "Come y calla"…

A) es demasiado caro.
B) solo es posible en verano.
C) no cuesta mucho dinero.

19. Si quieres comer cerca del mar…

A) tienes que ir un domingo.
B) puedes ir al restaurante "Sabroso".
C) vas a comer carne.

20. El restaurante "El tenedor"…

A) solo abre por las tardes.
B) está dentro de un tren.
C) no abre los fines de semana.

21. En el mes de julio…

A) los precios son más bajos.
B) no puedes ir al restaurante "Come y calla".
C) hay ofertas en el restaurante "Sabroso".

22. Si tu hijo de nueve años quiere comer con muchos amigos,…

A) los camareros solo les van a hablar en inglés.
B) les recomiendo el restaurante "El tenedor".
C) pueden ir a comer pescado al restaurante "Come y calla".

23. El restaurante "Come y calla"…

A) tiene comida exótica de otros países.
B) está lejos de la Universidad.
C) está muy bien para los estudiantes.

24. Por la noche…

A) los camareros te dan 3 platos de comida.
B) no puedes ir al restaurante "Sabroso".
C) las sopas son más baratas.

25. En el restaurante "Come y calla"…

A) tienen un cocinero nuevo.
B) si compras patatas fritas el sábado te regalan la salsa.
C) los camareros se pueden comunicar con la gente de Inglaterra.

Prueba 2. Comprensión auditiva

Esta prueba tiene **cuatro tareas**. Usted debe responder a 25 preguntas. La duración es de 25 minutos. Utilice la **Hoja de respuestas**. El audio se encuentra en el vídeo de **YouTube** "**Comprensión Auditiva NUEVO DELE A2 2020**"

TAREA 1
Audio en vídeo de YouTube (6:13)

INSTRUCCIONES
Usted va a escuchar cinco conversaciones dos veces. Hablan dos personas. Hay una pregunta y tres imágenes (A, B y C) para cada conversación. Tiene que seleccionar la imagen que responde a la pregunta.

1. ¿Dónde trabaja el padre del chico?

A   B   C

2. ¿Qué quiere la mujer?

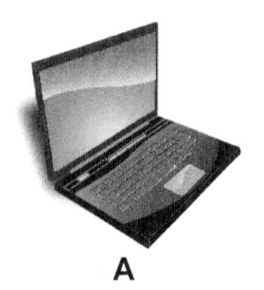

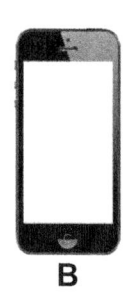

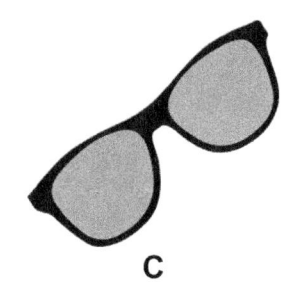

A   B   C

3. ¿Dónde van a ir de vacaciones?

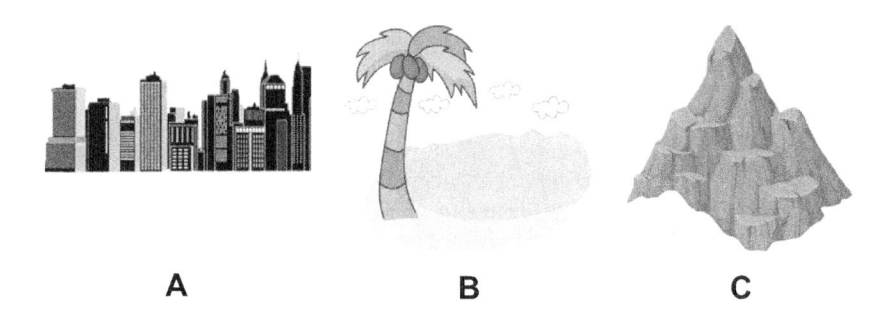

A   B   C

4. ¿Qué le gusta hacer a la chica?

A   B   C

5. ¿Dónde va a ir el hombre por la mañana?

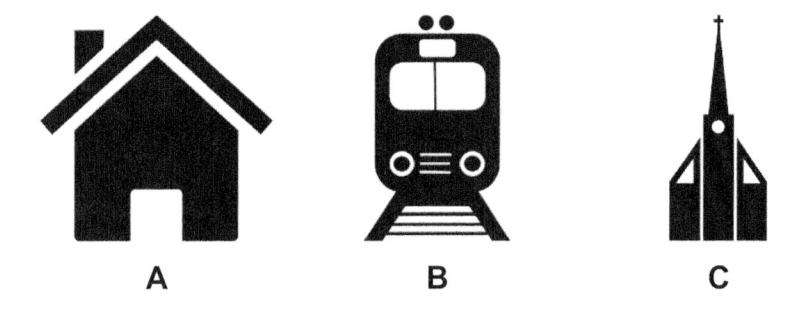

A   B   C

TAREA 2
Audio en vídeo de YouTube (8:45)

INSTRUCCIONES
Usted va a escuchar cinco mensajes. Escuche cada mensaje dos veces. Tiene que relacionar las imágenes (de la A a la H) con los mensajes (del 6 al 10). Hay ocho imágenes. Seleccione cinco.

	MENSAJES	IMÁGENES
6.	Mensaje 1	
7.	Mensaje 2	
8.	Mensaje 3	
9.	Mensaje 4	
10.	Mensaje 5	

A B C D

E F G H

TAREA 3
Audio en vídeo de YouTube (10:00)

INSTRUCCIONES
Usted va a escuchar a una persona que habla sobre su país. Tiene una lista con los nombres de las ciudades y otra con la información sobre ellas. Usted tiene que relacionar los números (del 11 al 18) con las letras (de la A a la K). Hay once letras, seleccione ocho.

11.	Barcelona
12.	Madrid
13.	Mallorca
14.	Elche
15.	Bilbao
16.	Ronda
17.	Salamanca
18.	Granada

A.	Puedes ir en avión a este lugar.
B.	Es un buen lugar para ir si te interesa la cultura.
C.	Está al lado de un río muy grande.
D.	Vive mucha gente.
E.	Es un buen sitio para ir a comer.
F.	Es una buena ciudad para estudiar.
G.	Hay muchos visitantes de países de Asia.
H.	No es una ciudad española.
I.	La familia de la persona que habla vive aquí.
J.	Hay muchas discotecas para extranjeros.
K.	Viven muchos deportistas famosos.

TAREA 4
Audio en vídeo de YouTube (12:23)

INSTRUCCIONES
Usted debe escuchar dos veces la conversación entre dos amigos que hablan sobre su rutina. Usted tiene siete frases (de la 19 a la 25) que no están completas. Tiene que leer las frases y seleccionar una opción de la tabla (de la A a la H) para completar las frases. Hay ocho letras. Seleccione siete.

Ahora tiene 30 segundos para leer las frases.

19.	Alejandro desayuna pan con .... y queso.
20.	Alicia bebe .... con leche.
21.	El hombre tiene una radio en la ....
22.	De lunes a viernes, Alejandro come en su ....
23.	Alicia va a pintar su casa con su ....
24.	Al hombre no le gusta ....
25.	El .... de la casa de Alejandro es muy bonito.

A.	cocina
B.	oficina
C.	jardín
D.	jamón
E.	escribir
F.	hermana
G.	café
H.	pintar

Prueba 3. Expresión e interacción escritas

Esta prueba contiene **dos tareas**.

⏱ La duración es de 25 minutos.

TAREA 1

INSTRUCCIONES

Usted quiere empezar sus estudios en una universidad española. Debe rellenar este formulario de contacto.

NOMBRE Y APELLIDOS 👤

NOMBRE DEL PADRE 👤

NOMBRE DE LA MADRE 👤

CORREO ELECTRÓNICO ✉

NÚMERO DE MÓVIL 📞

LUGAR DE NACIMIENTO 🏠

FECHA DE NACIMIENTO 🏠

DIRECCIÓN ACTUAL 🌐

¿DÓNDE QUIERES TRABAJAR EN EL FUTURO? ¿POR QUÉ? ✏

ENVIAR

TAREA 2

INSTRUCCIONES

Usted escribe un mensaje para sus padres que viven en otra ciudad.

En el mensaje usted tiene que:
— saludar;
— decir cuándo y cómo va a ir a su ciudad;
— decir a qué hora va a llegar;
— despedirse.

Número de palabras recomendadas: entre 30 y 40.

Prueba 4. Expresión e interacción orales

La prueba de Expresión e interacción orales tiene tres tareas:

• TAREA 1: Presentación personal (1-2 minutos).

• TAREA 2: Exposición de un tema (2-3 minutos).

• TAREA 3: Conversación con el entrevistador (3-4 minutos).

Para la preparación de las tareas 1 y 2, dispone de 10 minutos antes de la prueba.

TAREA 1

INSTRUCCIONES

Usted tiene que preparar su presentación personal para hablar **uno o dos minutos** aproximadamente. Tiene que hablar sobre los siguientes aspectos.

- SU NOMBRE
- SU NACIONALIDAD
- LENGUAS QUE HABLA
- LA CIUDAD DONDE VIVE
- SUS GUSTOS
- SU ESTADO CIVIL

(USTED)

TAREA 2

INSTRUCCIONES

Usted tiene que seleccionar **tres** de las cinco opciones para hablar durante **dos o tres minutos** aproximadamente.

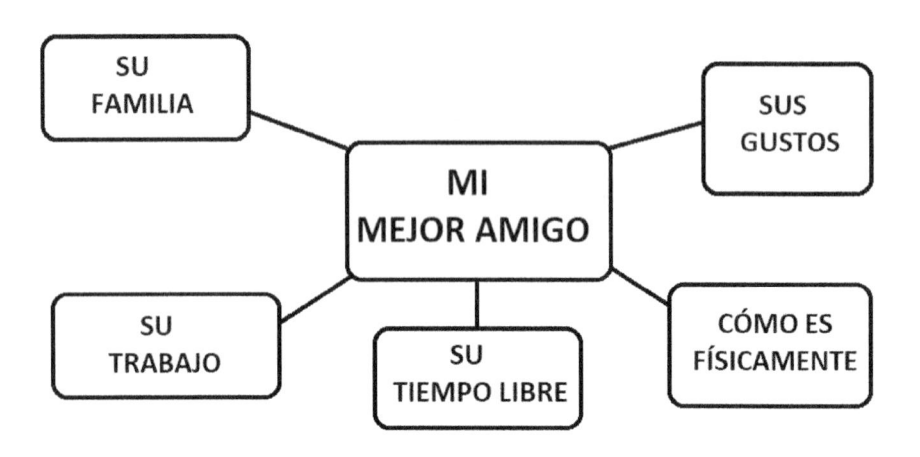

```
        SU
      FAMILIA                          SUS
                                     GUSTOS
                    MI
              MEJOR AMIGO

        SU              SU           CÓMO ES
      TRABAJO      TIEMPO LIBRE    FÍSICAMENTE
```

TAREA 3

El entrevistador le va a hacer unas preguntas sobre el tema de la Tarea 2. Después, usted va a hacer dos preguntas al entrevistador sobre el tema de la Tarea 2. La conversación durará **3 o 4 minutos** aproximadamente.

Ejemplo de preguntas que puede hacer el examinador:

· ¿Cada cuánto tiempo ve a su amigo?
· ¿Qué hacen cuándo están juntos?
· ¿Usted viaja normalmente con su amigo?
· ¿Cuántos años tiene su amigo?
· ¿Cuándo es su cumpleaños?

VOCABULARIO

Y

MODELO 3

1. Completa utilizando las siguientes palabras:

Plátanos, profesor, árbol, corazón, libro, nevar, pan, calor, elefante, llover, monumento, hamburguesa, flor, barco, conductor, iglesia, frío, cocinero, palmera, edificio, presidente, abuela, sol, fiesta, sombrero, pollo, vino.

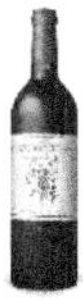
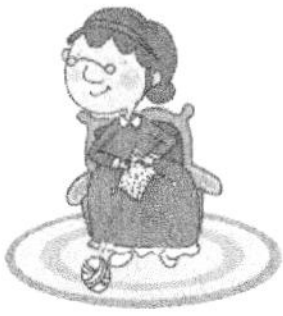
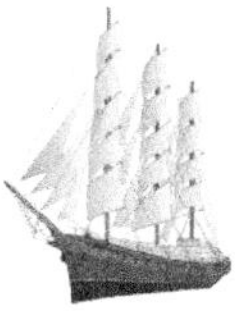
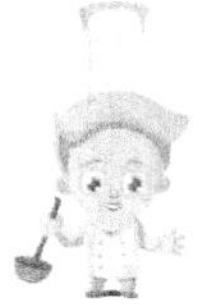
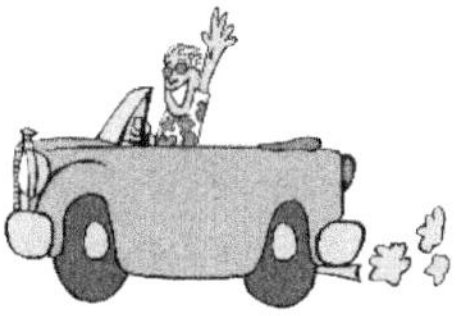
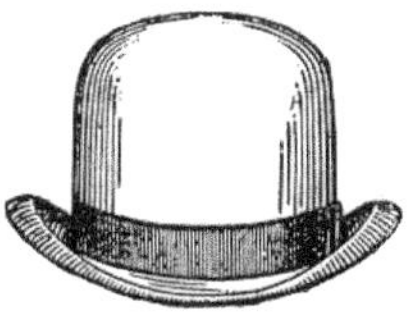
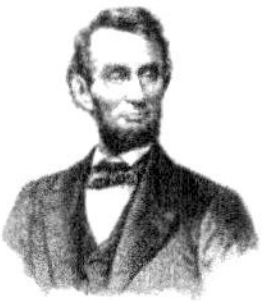

PARTY!
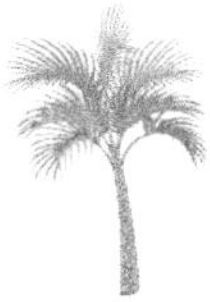
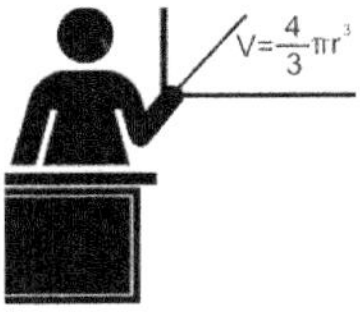
$V=\frac{4}{3}\pi r^3$

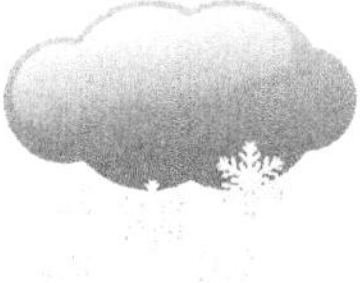
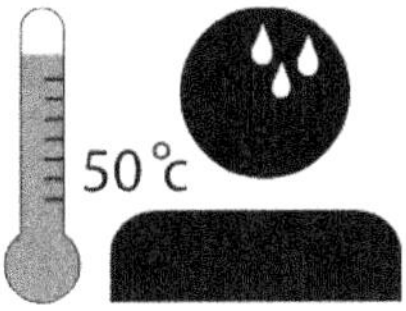
50°c
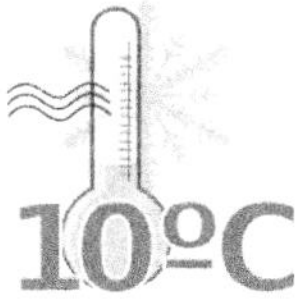
10ºC

2. Completa las frases con los siguientes verbos:

PODER – PREGUNTAR – DECIR – COCINAR – VOLVER – CONTINUAR – COMENZAR – LLEGAR – PARAR – PONER

1. El tren va a ………………. en la estación de Sants solo cinco minutos, tenemos que bajar muy rápido.

2. Ella ya no quiere ………………. trabajando en la fábrica, está muy cansada.

3. Necesito tu ayuda. ¿Puedes ………………. las sillas al lado de la mesa?

4. Si no sabes dónde estás, puedes ………………. a un policía, seguro que te ayuda.

5. Mi hija está en la fiesta de cumpleaños de su amiga, va a ………………. a casa en taxi.

6. Lo siento mucho, no voy a ………………. ir a la oficina mañana, estoy enferma.

7. Mi madre y mi padre creen que yo debo………………. siempre la verdad.

8. El avión va a ………………. al aeropuerto de Barajas a las once de la noche.

9. Creo que este es un buen momento para ………………. a estudiar francés.

10. Hoy vienen mis abuelos a comer, por eso, voy a ………………. una carne muy buena con patatas.

MODELO 3
HOJA DE RESPUESTAS

PRUEBA 1, COMPRENSIÓN DE LECTURA

Tarea 1
1 A☐ B☐ C☐
2 A☐ B☐ C☐
3 A☐ B☐ C☐
4 A☐ B☐ C☐
5 A☐ B☐ C☐

Tarea 2
6   A☐ B☐ C☐ D☐ E☐ F☐ G☐ H☐ I☐ J☐
7   A☐ B☐ C☐ D☐ E☐ F☐ G☐ H☐ I☐ J☐
8   A☐ B☐ C☐ D☐ E☐ F☐ G☐ H☐ I☐ J☐
9   A☐ B☐ C☐ D☐ E☐ F☐ G☐ H☐ I☐ J☐
10 A☐ B☐ C☐ D☐ E☐ F☐ G☐ H☐ I☐ J☐
11 A☐ B☐ C☐ D☐ E☐ F☐ G☐ H☐ I☐ J☐

Tarea 3
12 A☐ B☐ C☐ D☐ E☐ F☐ G☐ H☐ I☐ J☐
13 A☐ B☐ C☐ D☐ E☐ F☐ G☐ H☐ I☐ J☐
14 A☐ B☐ C☐ D☐ E☐ F☐ G☐ H☐ I☐ J☐
15 A☐ B☐ C☐ D☐ E☐ F☐ G☐ H☐ I☐ J☐
16 A☐ B☐ C☐ D☐ E☐ F☐ G☐ H☐ I☐ J☐
17 A☐ B☐ C☐ D☐ E☐ F☐ G☐ H☐ I☐ J☐

Tarea 4
18 A☐ B☐ C☐
19 A☐ B☐ C☐
20 A☐ B☐ C☐
21 A☐ B☐ C☐
22 A☐ B☐ C☐
23 A☐ B☐ C☐
24 A☐ B☐ C☐
25 A☐ B☐ C☐

PRUEBA 2, COMPRENSIÓN AUDITIVA

Tarea 1
1 A☐ B☐ C☐
2 A☐ B☐ C☐
3 A☐ B☐ C☐
4 A☐ B☐ C☐
5 A☐ B☐ C☐

Tarea 2
6   A☐ B☐ C☐ D☐ E☐ F☐ G☐ H☐ I☐
7   A☐ B☐ C☐ D☐ E☐ F☐ G☐ H☐ I☐
8   A☐ B☐ C☐ D☐ E☐ F☐ G☐ H☐ I☐
9   A☐ B☐ C☐ D☐ E☐ F☐ G☐ H☐ I☐
10 A☐ B☐ C☐ D☐ E☐ F☐ G☐ H☐ I☐

Tarea 3
11 A☐ B☐ C☐ D☐ E☐ F☐ G☐ H☐ I☐ J☐ K☐ L☐
12 A☐ B☐ C☐ D☐ E☐ F☐ G☐ H☐ I☐ J☐ K☐ L☐
13 A☐ B☐ C☐ D☐ E☐ F☐ G☐ H☐ I☐ J☐ K☐ L☐
14 A☐ B☐ C☐ D☐ E☐ F☐ G☐ H☐ I☐ J☐ K☐ L☐
15 A☐ B☐ C☐ D☐ E☐ F☐ G☐ H☐ I☐ J☐ K☐ L☐
16 A☐ B☐ C☐ D☐ E☐ F☐ G☐ H☐ I☐ J☐ K☐ L☐
17 A☐ B☐ C☐ D☐ E☐ F☐ G☐ H☐ I☐ J☐ K☐ L☐
18 A☐ B☐ C☐ D☐ E☐ F☐ G☐ H☐ I☐ J☐ K☐ L☐

Tarea 4
19 A☐ B☐ C☐ D☐ E☐ F☐ G☐ H☐ I☐
20 A☐ B☐ C☐ D☐ E☐ F☐ G☐ H☐ I☐
21 A☐ B☐ C☐ D☐ E☐ F☐ G☐ H☐ I☐
22 A☐ B☐ C☐ D☐ E☐ F☐ G☐ H☐ I☐
23 A☐ B☐ C☐ D☐ E☐ F☐ G☐ H☐ I☐
24 A☐ B☐ C☐ D☐ E☐ F☐ G☐ H☐ I☐
25 A☐ B☐ C☐ D☐ E☐ F☐ G☐ H☐ I☐

Prueba 1. Comprensión de lectura

Esta prueba tiene cuatro tareas. Usted debe responder a 25 preguntas.

⏱ La duración es de 45 minutos.

Escriba únicamente en la **Hoja de respuestas**.

TAREA 1

INSTRUCCIONES

Usted va a leer un mensaje que Roberto le escribe a su amigo Lucas. A continuación, debe leer las preguntas (de la 1 a la 5) y seleccionar la opción correcta (A, B o C).

Hola Lucas. Te cuento mis planes para estas vacaciones. Quiero viajar con mis primos en agosto a Tenerife, es una isla muy bonita, tiene muchas playas y una montaña muy alta, el volcán Teide. No tenemos mucho dinero, por eso vamos a trabajar durante el mes de junio en el restaurante de mi tío.

En Tenerife vive mi novia, se llama Marta y tiene dos años menos que yo. Ella es de Alemania, entre nosotros hablamos en inglés, pero ahora está aprendiendo español con un libro. Ella es muy inteligente y guapa, tiene el pelo largo y rubio.

Marta y yo queremos comprar una casa juntos, estamos buscando algo barato, pero creo que vamos a tener que ir al banco para pedir dinero. ¿Cómo está tu hermana? Mi padre dice que la ve mucho porque trabajan en la misma oficina. Llámame un día de estos y te vienes a mi casa, saludos, Roberto

PREGUNTAS

1. Roberto dice que…

A) va a ir con sus familiares a una isla.

B) va a visitar a su novia en Alemania.

C) está estudiando español.

2. En el texto se dice que…

A) Roberto va a trabajar con su novia.

B) Roberto va a trabajar antes de ir a Tenerife.

C) Roberto va a trabajar después de ir a Tenerife.

3. La novia de Roberto…

A) es delgada.

B) es alta.

C) es rubia.

4. Roberto dice que…

A) necesita dinero para comprar una casa con su novia.

B) habla con su novia en alemán.

C) va a vivir con sus primos.

5. Para aprender español, Marta utiliza…

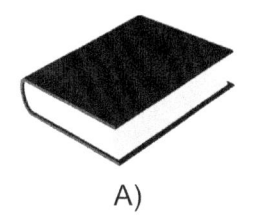

A)   B)   C)

TAREA 2

INSTRUCCIONES

Usted va a leer unos mensajes. Tiene que relacionar los mensajes (A - I) con las frases (de la 6 a la 11). Hay nueve mensajes. Tiene que seleccionar seis.

A

VENDO ROPA PARA NIÑOS DE 3 A 10 AÑOS

MI TIENDA ESTÁ CERCA DE LA PARADA DE AUTOBUSES "CERVANTES".

B

VISITA ORGANIZADA A LA CATEDRAL DE LA CIUDAD, LAS IGLESIAS MÁS IMPORTANTES, DOS SINAGOGAS Y LA MEZQUITA DEL BARRIO MUSULMÁN.

C

TEATRO

TODOS LOS FINES DE SEMANA DE AGOSTO. DE 17:00 A 20:00 NO SE ACEPTAN ANIMALES

D

BUSCO PROFESOR DE INGLÉS PARA MI HIJO

VIVIMOS EN UN PUEBLO PEQUEÑO CERCA DE LA MONTAÑA. MI HIJO NECESITA CLASES DOS DÍAS A LA SEMANA.

E

TENGO OCHENTA Y NUEVE AÑOS. NECESITO AYUDA PARA LIMPIAR MI CASA Y MI GARAJE. ME LLAMO FELIPE Y MI TELÉFONO ES EL 659 856 234

F

RESTAURANTE LA PUERTA VERDE
NUESTRO EQUIPO DE COCINEROS PARTICIPA EN EL PROGRAMA DE TELEVISIÓN "CHEF"

G

EL ASCENSOR NO FUNCIONA, ESTÁ ROTO. EL PRÓXIMO MARTES VA A VENIR UN HOMBRE DE LA EMPRESA DE ASCENSORES PARA REPARARLO

H

CUIDO PERROS
SI TIENES UN PERRO YO PUEDO IR CON ÉL A PASEAR POR EL PARQUE O ESTAR EN CASA Y JUGAR.
10 € POR UNA HORA

I

ME LLAMO ANA, SOY ALTA Y MORENA. ME GUSTA JUGAR AL TENIS Y AL BALONCESTO. BUSCO AMIGOS EN LA CIUDAD.

	Frases	**Mensajes**
6	Los vecinos deben subir por las escaleras.	
7	Es una persona mayor.	
8	Es por las tardes.	
9	Vas a ver lugares religiosos.	
10	Hace deporte.	
11	Cuida animales por dinero.	

TAREA 3

INSTRUCCIONES

Usted va a leer unos anuncios informativos sobre casas. Tiene que relacionar los anuncios (A - I) con los textos (del 12 al 17). Hay nueve anuncios. Seleccione seis.

	TEXTOS		
12	Quiero ir catorce días con mi perro Bruno de viaje. Él es muy bueno, nos encanta visitar ciudades grandes.		
13	Yo estudio inglés desde pequeña. Quiero vivir en América, me encanta Estados Unidos.		
14	Soy arquitecto y no puedo trabajar en mi casa. Necesito alquilar un lugar tranquilo para poder trabajar.		
15	Tengo dinero, voy a celebrar mi cumpleaños en agosto. Necesito alquilar una casa un día. Quiero bañarme con mis amigos.		
16	Estoy buscando una casa grande con mi familia. Tenemos cuatro hijos y dos coches grandes. Quiero tener un garaje.		
17	Soy nueva en la ciudad y necesito comprar un piso. Estoy buscando algo pequeño y barato. Voy a vivir sola.		

A	B	C
Casa con cinco habitaciones, salón, cocina y un baño. En la planta baja hay un garaje grande con espacio para más de un coche.	Se alquila piso en el centro de la ciudad. Perfecto para pasar un fin de semana. Cama de matrimonio para 2 personas.	Mansión de lujo con piscina y precioso jardín. Ideal para hacer fiestas. Se alquila por días, cuesta 1200 € la noche.

D	E	F
Se vende piso en el centro de la ciudad estadounidense de Nueva York. Cincuenta metros cuadrados, dos habitaciones.	Puedes comprar este piso de 19 m^2 en el barrio del Carmen. Una habitación con cocina y baño. Buen precio.	Casa grande en la montaña de Granada. Está un poco vieja, pero se puede renovar. Las puertas y ventanas están rotas.

G	H	I
Piso en Barcelona. Solo para vacaciones largas. Se aceptan animales de compañía. 700 € por dos semanas.	Se alquila oficina con Internet por meses. En cada oficina hay un escritorio y tres sillas. El edificio tiene cafetería y zona de relax.	Se vende edificio histórico junto al río. La casa tiene un pequeño barco viejo, incluido en el precio de la casa. 150.000 €

TAREA 4

INSTRUCCIONES

Usted va a leer información de tres hoteles. A continuación, tiene que leer las preguntas (de la 18 a la 25) y seleccionar la opción correcta (A, B o C).

PARAÍSO

Hotel familiar con atracciones para niños. Piscina, jardines y zona de juegos infantiles. Todo lo mejor para los más pequeños.

Lugar:
A menos de cincuenta metros de la estación principal de trenes.

Restaurante:
Abierto por la mañana, tarde y noche. Cocina internacional.

Precio:
Habitación para cuatro personas por 70 euros la noche.

MILENIO

Habitaciones individuales en la zona industrial de la ciudad. Para empresarios y hombres de negocios.

Lugar:
Junto a las fábricas de la ciudad. A cinco minutos del aeropuerto en taxi.

Restaurante:
No tenemos restaurante, pero al lado de la recepción hay una cafetería.

Precio:
De lunes a viernes 25€/noche. Sábados y domingos 30€.

IRIS

Hotel para jóvenes, de 16 a 20 años. Atención personal y buenos precios. Las habitaciones tienen camas para veinte personas.

Lugar:
En el centro de Madrid, cerca de los principales monumentos.

Restaurante:
Cocina compartida, no hay cocinero, pero los clientes pueden cocinar.

Precio:
El más barato de la ciudad. 10 € por persona cada día. Julio y agosto 11 €.

18. Puedes ir con tus hijos al hotel…

A) Paraíso.
B) Milenio.
C) Iris.

19. El jefe de una empresa que va a trabajar puede dormir en el hotel…

A) Paraíso.
B) Milenio.
C) Iris.

20. El hotel Iris está bien para…

A) viajes de negocios.
B) estar cerca de la playa.
C) hacer turismo y visitar la ciudad.

21. En el hotel Paraíso…

A) puedes hablar en varios idiomas.
B) los niños pagan menos.
C) puedes desayunar, comer y cenar.

22. El hotel Milenio…

A) está lejos de las fábricas.
B) tiene precios diferentes los fines de semana.
C) está muy bien para niños.

23. Puedes bañarte en el hotel…

A) Paraíso.
B) Milenio.
C) Iris.

24. En verano pagas más en el hotel…

A) Paraíso.
B) Milenio.
C) Iris.

25. Puedes ir en tren al hotel…

A) Paraíso.
B) Milenio.
C) Iris.

Prueba 2. Comprensión auditiva

Esta prueba tiene **cuatro tareas**. Usted debe responder a 25 preguntas. La duración es de 25 minutos. Utilice la **Hoja de respuestas**. El audio se encuentra en el vídeo de **YouTube** "**Comprensión Auditiva NUEVO DELE A2 2020**"

TAREA 1
Audio en vídeo de YouTube (13:28)

INSTRUCCIONES
Usted va a escuchar cinco conversaciones dos veces. Hablan dos personas. Hay una pregunta y tres imágenes (A, B y C) para cada conversación. Tiene que seleccionar la imagen que responde a la pregunta.

1. ¿Qué van a regalarle a su madre?

A   B   C

2. ¿Qué es más barato?

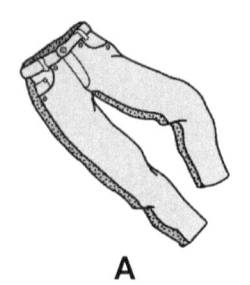

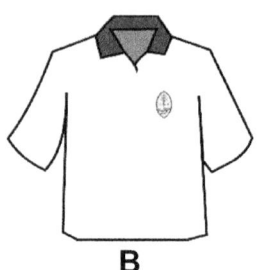

A   B   C

3. ¿Qué está leyendo el hombre?

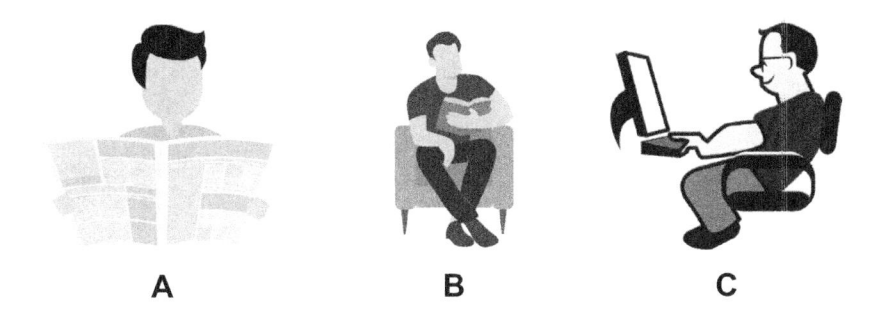

A   B   C

4. ¿Qué van a hacer el fin de semana?

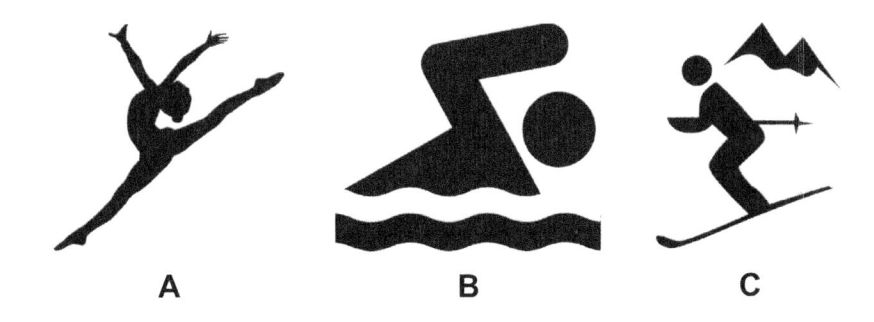

A   B   C

5. ¿Cómo es la novia del chico?

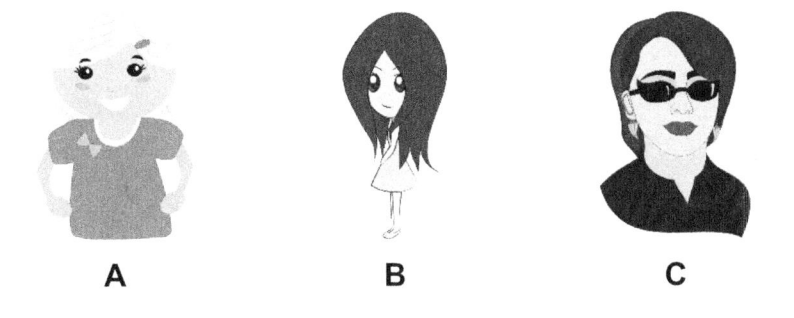

A   B   C

TAREA 2
Audio en vídeo de YouTube (15:37)

INSTRUCCIONES
Usted va a escuchar cinco mensajes. Escuche cada mensaje dos veces. Tiene que relacionar las imágenes (de la A a la H) con los mensajes (del 6 al 10). Hay ocho imágenes. Seleccione cinco.

	MENSAJES	IMÁGENES
6.	Mensaje 1	
7.	Mensaje 2	
8.	Mensaje 3	
9.	Mensaje 4	
10.	Mensaje 5	

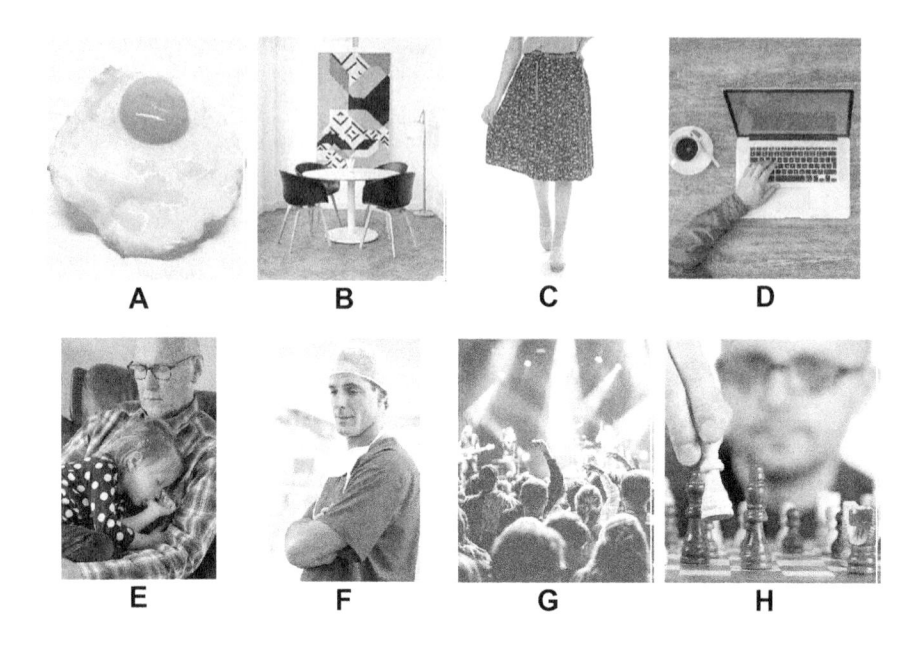

A B C D

E F G H

TAREA 3
Audio en vídeo de YouTube (16:55)

INSTRUCCIONES
Usted va a escuchar a una persona que habla sobre su familia. Tiene una lista con los nombres de los familiares y otra con la información sobre ellos. Usted tiene que relacionar los números (del 11 al 18) con las letras (de la A a la K). Hay once letras, seleccione ocho.

11.	Luisa	
12.	Ana	
13.	Jorge	
14.	Rosa	
15.	Álvaro	
16.	Laura	
17.	Rubén	
18.	Estefanía	

A.	Tiene varios animales.
B.	Tiene menos de tres años.
C.	Es de otro país.
D.	Vende ordenadores.
E.	Su cumpleaños es en otoño.
F.	Puede hablar en muchos idiomas.
G.	Vive en una isla.
H.	No vive en la ciudad.
I.	Es muy buena persona.
J.	Está separada y no tiene pareja.
K.	Es deportista profesional.

TAREA 4
Audio en vídeo de YouTube (18:27)

INSTRUCCIONES

Usted debe escuchar dos veces la conversación entre unos amigos que planean una fiesta. Usted tiene siete frases (de la 19 a la 25) que no están completas. Tiene que leer las frases y seleccionar una opción de la tabla (de la A a la H) para completar las frases. Hay ocho letras. Seleccione siete.

Ahora tiene 30 segundos para leer las frases.

19.	Elvira celebra su cumpleaños el ....
20.	Pedro va a cocinar ....
21.	El hermano de Elvira está en otro ....
22.	Pedro quiere ir con su .... a la fiesta de Elvira.
23.	Elvira quiere una .... nueva.
24.	La fiesta empieza a las ....
25.	Pedro y Elvira van a verse en la ....

A.	país
B.	lunes
C.	cuatro
D.	novia
E.	sábado
F.	universidad
G.	pasta
H.	bicicleta

Prueba 3. Expresión e interacción escritas

Esta prueba contiene **dos tareas**.

⏱ La duración es de 25 minutos.

TAREA 1

INSTRUCCIONES

Usted busca pareja en una página web. Debe rellenar el siguiente formulario con su información personal.

NOMBRE	
¿CUÁNTOS AÑOS TIENES?	
¿CÓMO TIENES EL PELO?	
¿CÓMO TIENES LOS OJOS?	
¿QUÉ TE GUSTA HACER?	
TELÉFONO DE CONTACTO	

TAREA 2

INSTRUCCIONES

Usted escribe un mensaje a su amigo para hablarle de su viaje.

En el mensaje usted tiene que:
— saludar;
— decir dónde está y qué quiere visitar;
— explicar qué cosa le gusta de este lugar;
— despedirse.

Número de palabras recomendadas: entre 30 y 40.

Prueba 4. Expresión e interacción orales

La prueba de Expresión e interacción orales tiene tres tareas:

• TAREA 1: Presentación personal (1-2 minutos).

• TAREA 2: Exposición de un tema (2-3 minutos).

• TAREA 3: Conversación con el entrevistador (3-4 minutos).

Para la preparación de las tareas 1 y 2, dispone de 10 minutos antes de la prueba.

TAREA 1

INSTRUCCIONES

Usted tiene que preparar su presentación personal para hablar **uno o dos minutos** aproximadamente. Tiene que hablar sobre los siguientes aspectos:

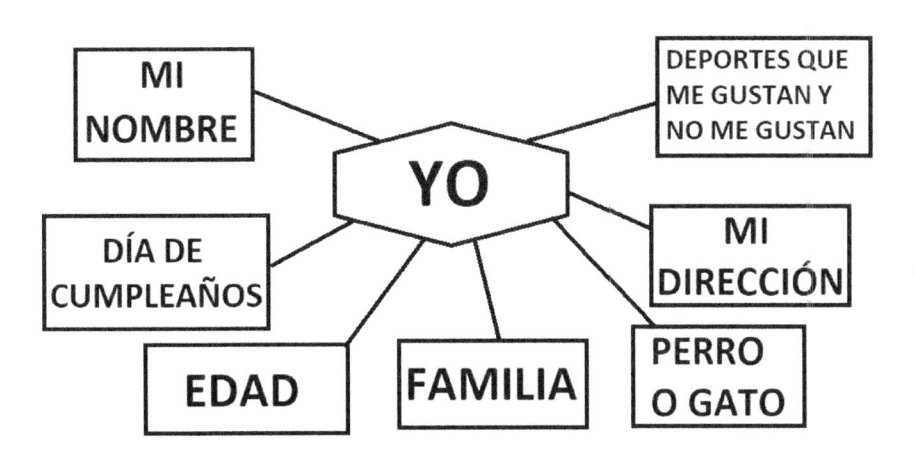

- MI NOMBRE
- DEPORTES QUE ME GUSTAN Y NO ME GUSTAN
- DÍA DE CUMPLEAÑOS
- MI DIRECCIÓN
- EDAD
- FAMILIA
- PERRO O GATO

(YO)

TAREA 2

INSTRUCCIONES

Usted tiene que seleccionar **tres** de las cinco opciones para hablar durante **dos o tres minutos** aproximadamente.

```
        NÚMERO                              PERSONAS
          DE                                CON LAS
     HABITACIONES                           QUE VIVO
                        MI CASA

       MUEBLES                              CALLE Y
      QUE TENGO                           NÚMERO DE
      EN MI CASA                            MI CASA
                       MI LUGAR
                      PREFERIDO
                      EN LA CASA
```

TAREA 3

El entrevistador le va a hacer unas preguntas sobre el tema de la Tarea 2. Después, usted va a hacer dos preguntas al entrevistador sobre el tema de la Tarea 2. La conversación durará **3 o 4 minutos** aproximadamente.

Ejemplo de preguntas que puede hacer el examinador:

· ¿Quieres vivir toda tu vida en la misma casa?

· ¿Cómo es tu habitación?

· ¿Qué hay cerca de tu casa?

· ¿Tienes garaje en tu casa?

SOLUCIONES

EJERCICIOS DE CALENTAMIENTO

1. 1b, 2a, 3b, 4a, 5d, 6d, 7a, 8d, 9b, 10b, 11a, 12d.

2. 1c, 2d, 3a, 4c, 5c, 6d, 7d, 8b, 9a, 10b, 11a, 12b.

3. 1d, 2a, 3d, 4b, 5a, 6b, 7c, 8d, 9d, 10c, 11d, 12c.

4.
1. Él va a beber agua.
2. Tú viajas a España.
3. Voy a estudiar en la biblioteca.
4. Yo leo un libro.
5. Vamos a desayunar a las 9:00.
6. Él compra una moto.
7. Voy a tener clases de inglés.
8. ¿Qué haces?

5. Respuesta abierta, ejemplos de soluciones:
1. Yo trabajo y por la tarde estudio español.
2. Mañana yo voy a ir al cine con mis amigos.
3. No, yo trabajo en un supermercado.
4. Sí, el próximo viernes yo voy a trabajar de 8:00 a 16:00.
5. Sí, normalmente yo viajo todos los años en verano.
6. Sí, creo que voy a ir a Portugal.

6. 1 veo, 2 aquí, 3 misión, 4 estamos, 5 conmigo, 6 escribir, 7 escucho, 8 tiempo, 9 cielo, 10 contigo, 11 escribir, 12 viento, 13 mundo, 14 fuerte.

7. 1a, 2b, 3c, 4a, 5c, 6a, 7c.

8. 1c, 2d, 3b, 4a.

9. CASA: jardín, ascensor, cuarto de baño, dormitorio, habitación.
COMIDA: fruta, pescado, pan, bocadillo, verdura.
ROPA: pantalones, falda, zapatos, camiseta, camisa.
COLORES: rojo, gris, negro, verde, azul, amarillo.

10. Respuesta abierta, ejemplos de soluciones:
Me gusta mucho comer frutas y verduras.
Mi casa tiene tres habitaciones.
Necesito unos pantalones nuevos.

11. 1 nuestro, 2 cuatro, 3 buscar, 4 viento, 5 parar, 6 recuerdo, 7 libertad, 8 volar, 9 ya, 10 mundo, 11 qué.

12. 1a, 2c, 3d, 4b.

13. Respuesta abierta, ejemplos de soluciones:
Me gusta ver películas, por eso voy a ir al cine con mi novio.
No tengo casa, por eso vivo con mis padres.
Voy a ir a un restaurante italiano porque quiero comer pizza.
No puedo comprar ropa porque no tengo dinero.
Estoy enfermo, por eso voy al hospital.

14. 1b, 2b, 3a, 4c, 5b, 6c, 7b.

15. MESES: marzo, junio, enero, agosto, abril, mayo.
FAMILIA: abuelo, primo, hijo, tío, padre.
TRANSPORTES: moto, coche, barco, avión, tren, bicicleta.
CUERPO: ojo, pelo, nariz, cabeza.

16. Respuesta abierta, ejemplos de soluciones:
El cumpleaños de Pedro es el diecisiete de junio.
Mi tío tiene el pelo largo y los ojos azules.
Ir en moto es más rápido que ir en bicicleta.
Voy a viajar a España en avión.

17. 1 frío, 2 luna, 3 salón, 4 verano, 5 cuando, 6 quieres, 7 baile, 8 río, 9 dedos, 10 viento, 11 todo, 12 agua.

18. 1c, 2a, 3b.

19. Respuesta abierta, ejemplos de soluciones:
1. Me llamo Ramón.
2. Tengo treinta y dos años.
3. Mi cumpleaños es el diecisiete de junio.
4. Tengo una hermana.
5. Vivo con mi mujer y con mi hijo.

6. Vivo en Elche, una ciudad que está cerca de Alicante.
7. Me gusta jugar al fútbol y leer libros.
8. Me gusta comer pizza con jamón y champiñones.
9. Llevo unos pantalones cortos y una camiseta de color azul.
10. Me gusta el color verde.
11. Yo voy a ir de vacaciones el día quince de agosto.
12. Mi amigo es alto y delgado. Tiene el pelo moreno y lleva gafas.
13. A mi prima le gusta ver la televisión.
14. Los sábados yo salgo con mis amigos o visito a mi familia.
15. Yo voy al trabajo todos los días en coche.
16. Sí, me gusta mucho hacer deporte. Yo juego al fútbol una vez a la semana.
17. Mi casa es nueva, es un poco pequeña, pero me gusta mucho. Tiene dos habitaciones, un salón, una cocina y un baño.
18. Yo hablo español, inglés y polaco.
19. Me gusta junio, porque empieza el verano y hace buen tiempo.

VOCABULARIO Y MODELO 1

1.

pelo	ojos	nariz
bigote	gafas	calle
móvil	casa	hombre
mujer	llave	bolso
maleta	ordenador	tarjeta
té	leche	cerveza
pescado	huevo	carne
camarero	mesa	pareja
sobre	arroba	juego

2. 1 nadar, 2 levantarse, 3 entender, 4 escuchar, 5 cenar, 6 ducharse, 7 escribir, 8 comprar, 9 viajar, 10 hacer.

Prueba 1, Comprensión de lectura

Tarea 1
1b, 2c, 3a, 4a, 5b.

Tarea 2
6d, 7e, 8a, 9i, 10b, 11g.

Tarea 3
12h, 13a, 14f, 15e, 16b, 17g.

Tarea 4
18b, 19c, 20b, 21a, 22a, 23c, 24b, 25b.

Prueba 2, Comprensión auditiva

Tarea 1

1. Solución: C
Transcripción:
HOMBRE: Buenos días, ¿qué desea comer?
MUJER: ¿El pescado viene con patatas o con pan?
HOMBRE: Con unas verduras.
MUJER: Perfecto, pues voy a comer pescado y de beber un poco de agua.
HOMBRE: Muy bien.

2. Solución: B
Transcripción:
MUJER: Hola Carlos, ¿qué tal?
HOMBRE: Muy bien, tengo un trabajo nuevo. Hoy es mi primer día.
MUJER: ¡Qué bien! ¿A qué te dedicas? ¿Eres taxista como tu padre?
HOMBRE: No, estoy trabajando de camarero.

3. Solución: A
Transcripción:
HOMBRE: Buenos días, ¿qué necesitas? Los bolsos están de oferta.
MUJER: Estoy buscando unas gafas nuevas.
HOMBRE: Estas son muy bonitas, cuestan cien euros, ¿qué te parecen?
MUJER: Son un poco caras.
HOMBRE: Lo siento mucho, son las más baratas que tenemos.

4. Solución: B
Transcripción:
HOMBRE: Vamos a pagar.
MUJER: ¡Oh! No tengo mi cartera, debe estar en casa.

HOMBRE: No hay problema, tengo aquí mi tarjeta de crédito.
MUJER: ¿Puedes pagar tú y en casa te doy el dinero?
HOMBRE: Hoy invito yo.

5. Solución: A
Transcripción:
HOMBRE: Hola Marta.
MUJER: Buenos días Fernando, ¿qué tal estás?
HOMBRE: Muy bien, ¿tienes un poco de agua? Necesito beber.
MUJER: No, lo siento mucho, solo tengo cerveza.
HOMBRE: No puedo beber alcohol, voy en el coche.

Tarea 2

6. Solución: B
Transcripción: Voy al centro para comprarle unas flores muy bonitas a mi esposa por su cumpleaños.

7. Solución: H
Transcripción: No tengo mis llaves, creo que están en el coche, ¿puedes abrir tú la puerta de la casa?

8. Solución: E
Transcripción: ¿Que qué es lo que más me gusta hacer? Pues leer libros, ahora voy a empezar una nueva novela de mi escritora preferida.

9. Solución: G
Transcripción: Todos los días voy a correr 5 kilómetros con mis amigos. Es un entrenamiento muy bueno.

10. Solución: A
Transcripción: En mi ciudad hay muchos coches, para ir al trabajo más rápido, lo mejor es ir en moto.

Tarea 3

11. Solución: C
Transcripción: Mis amigos son muy especiales para mí, Marta es mi mejor amiga, es extranjera y muy simpática.

12. Solución: F
Transcripción: Mi amigo Pedro tiene ochenta y nueve años, está muy bien para su edad, casi nunca está enfermo.

13. Solución: H
Transcripción: Juan trabaja con su hermano en una pequeña tienda de frutas que está en el centro, es vendedor.

14. Solución: I
Transcripción: Eva es una chica alta y guapa, sus padres son de Alemania, pero ella es española.

15. Solución: B
Transcripción: Mi amigo Carlos juega todos los martes y jueves al fútbol, los lunes al baloncesto y los miércoles y viernes al tenis.

16. Solución: A
Transcripción: Cristina es mi amiga desde hace mucho tiempo. Ella va al cine todas las semanas, le encanta.

17. Solución: K
Transcripción: Roberto cree mucho en Dios, es cristiano y va todos los domingos a la iglesia.

18. Solución: D
Transcripción: Mi amiga María es muy alegre, me divierto mucho cuando estoy con ella, su cumpleaños es en abril.

Tarea 4

Soluciones: 19 D, 20 A, 21 G, 22 F, 23 E, 24 H, 25 C.
Transcripción:
HOMBRE: Claudia, creo que tenemos una casa muy bonita.
MUJER: Sí, Alberto, pero el sofá es un poco viejo, lo podemos cambiar.
HOMBRE: Es verdad, es azul, igual que el sillón. Yo sé que tú prefieres colores como el blanco o el negro.
MUJER: Me gusta mucho dormir en ese sillón, pero si vamos a tener un sofá nuevo, pues también cambiamos el sillón.
HOMBRE: La habitación de nuestro hijo es la mejor de la casa, es muy

grande y tiene mucha luz.
MUJER: Nuestra habitación sí que va a quedar súper bien, con nuestro baño propio. Ahora tenemos una bañera vieja, pero en el nuevo baño quiero tener una ducha moderna.
HOMBRE: Pues vamos a necesitar mucho dinero para hacer todas estas cosas en la casa. Creo que voy a buscar un trabajo nuevo.
MUJER: Tengo una idea mucho mejor, si vendemos todas tus camisetas de fútbol podemos comprar una cama nueva.
HOMBRE: Eres muy divertida, creo que si vendemos todos tus zapatos podemos comprar una casa nueva.

VOCABULARIO Y MODELO 2

1.

escaleras	ascensor	ventana
puerta	silla	cama
ducha	carta	dinero
enfermera	bombero	pantalones
falda	camisa	zapatos
jabón	mapa	playa
montañas	puerto	tren
avión	rey	abogado
cine	cantante	parada de autobús

2. 1 pagar, 2 lavarse, 3 ver, 4 esquiar, 5 vender, 6 leer, 7 estar, 8 jugar, 9 ir, 10 enviar.

Prueba 1, Comprensión de lectura

Tarea 1
1b, 2a, 3c, 4a, 5b.

Tarea 2
6e, 7a, 8h, 9b, 10g, 11i.

Tarea 3
12f, 13h, 14a, 15d, 16b, 17c.

Tarea 4
18c, 19b, 20a, 21b, 22b, 23c, 24b, 25c.

Prueba 2, Comprensión auditiva

Tarea 1

1. Solución: B
Transcripción:
HOMBRE: Hola Lucía, ¿qué tal estás? ¿sigues trabajando de camarera o estás estudiando?
MUJER: Muy bien, gracias. Estudio en la Universidad. Este curso tengo clases con tu padre.
HOMBRE: ¿Y te gustan sus clases?
MUJER: Sí, es muy buen profesor.

2. Solución: A
Transcripción:
HOMBRE: Mi amor, en diez días es tu cumpleaños. ¿Qué regalo quieres? ¿Necesitas un teléfono?
MUJER: No, el teléfono que tengo no es muy viejo, puedes comprarme un ordenador nuevo.
HOMBRE: Pero esto es muy caro.
MUJER: Sí, lo sé, pero lo necesito.

3. Solución: A
Transcripción:
MUJER: ¿Este año dónde vamos a ir de vacaciones? ¿Otra vez a la playa?
HOMBRE: No, este año vamos a ir a Nueva York, una ciudad fantástica. Ya tengo los billetes de avión para toda la familia.
MUJER: ¡Qué bien!

4. Solución: C
Transcripción:
HOMBRE: Hola, Cristina.
MUJER: Buenos días, Raúl. ¿Qué tienes en esa maleta?
HOMBRE: Muchos libros, me encanta leer, tengo toda la colección de Harry Potter. ¿Quieres uno?
MUJER: No, gracias, no me gusta mucho leer. Prefiero escribir historias.

5. Solución: C

Transcripción:
MUJER: Pedro, ¿vienes a mi casa mañana por la mañana?
HOMBRE: Voy a ir con mi familia a la iglesia a las 10:00, podemos quedar por la tarde, ¿qué te parece?
MUJER: Perfecto, llámame y te digo dónde estoy.

Tarea 2

6. Solución: B
Transcripción: Este verano quiero hacer una excursión en barco por el río, es muy bonito.

7. Solución: D
Transcripción: Espera un momento. Voy a ducharme, necesito 5 minutos. Puedes esperarme en el salón.

8. Solución: H
Transcripción: Mi abuela quiere ir a una tienda de muebles. Lo que necesita es un sillón nuevo, el que tiene ahora es un poco viejo.

9. Solución: G
Transcripción: El primo pequeño de Marta está enfermo, le duele mucho la cabeza y está en su cama todo el día.

10. Solución: E
Transcripción: Voy a ir al banco esta tarde porque tengo que comprar algunas cosas y necesito dinero.

Tarea 3

11. Solución: G
Transcripción: En mi país hay muchas ciudades interesantes. Por ejemplo, en Barcelona hay una catedral muy bonita, siempre hay muchos turistas de Japón, China, Singapur y Corea.

12. Solución: D
Transcripción: Madrid es la ciudad con más gente y más grande de España, viven más de seis millones de personas, es muchísimo.

13. Solución: J

Transcripción: Mallorca está muy bien para los jóvenes que quieren salir de fiesta, hay muchos lugares para bailar toda la noche, los trabajadores hablan en inglés y en alemán.

14. Solución: A
Transcripción: Elche es una ciudad pequeña, pero muy bonita. Tiene muchísimas palmeras. Está muy cerca del aeropuerto de Alicante.

15. Solución: I
Transcripción: Bilbao es una ciudad muy especial para mí, mis cuatro abuelos y mis padres viven allí.

16. Solución: B
Transcripción: Uno de los lugares más interesantes de España es Ronda, esta pequeña ciudad tiene muchos museos muy interesantes.

17. Solución: F
Transcripción: Lo más importante de Salamanca es su universidad. Es la más antigua de España y una de las mejores de Europa.

18. Solución: E
Transcripción: En Granada hay muchos bares y restaurantes, os recomiendo a todos ir a disfrutar de la gastronomía de esta ciudad.

Tarea 4

Soluciones: 19 D, 20 G, 21 A, 22 B, 23 F, 24 H, 25 C.
Transcripción:
MUJER: Buenos días, Alejandro. ¿Estás desayunando pan con jamón y queso?
HOMBRE: Hola, Alicia. Sí, todos los días desayuno lo mismo. ¿Y tú?
MUJER: Yo desayuno muy poco, pero una cosa muy importante para mí es el café con leche. Todos los días me tomo dos o tres. Me ayuda a despertarme.
HOMBRE: Yo me activo de otra forma. Por las mañanas, siempre escucho música rock, tengo una radio en la cocina.
MUJER: ¿Y tú de lunes a viernes comes en la oficina o vas a un bar?
HOMBRE: No quiero gastar mucho dinero, por eso me llevo pasta o un bocadillo a la oficina y como allí.

MUJER: Yo ahora no trabajo, estoy un mes de vacaciones. Quiero pintar mi casa, mi hermana me va a ayudar.
HOMBRE: A mí no me gusta pintar, prefiero hablar con unos pintores profesionales. Yo solo soy bueno con las plantas.
MUJER: Sí, me acuerdo de tu jardín, es muy bonito.
HOMBRE: Si quieres verlo, te invito a un café mañana por la mañana.
MUJER: Muchas gracias. ¡Hasta mañana!

VOCABULARIO Y MODELO 3

1.

flor	árbol	elefante
iglesia	sol	libro
monumento	edificio	pan
plátanos	pollo	hamburguesa
vino	abuela	barco
cocinero	conductor	sombrero
presidente	fiesta	palmera
profesor	corazón	llover
nevar	calor	frío

2. 1 parar, 2 continuar, 3 poner, 4 preguntar, 5 volver, 6 poder, 7 decir, 8 llegar, 9 comenzar, 10 cocinar.

Prueba 1, Comprensión de lectura

Tarea 1
1a, 2b, 3c, 4a, 5a.

Tarea 2
6g, 7e, 8c, 9b, 10i, 11h.

Tarea 3
12g, 13d, 14h, 15c, 16a, 17e.

Tarea 4
18a, 19b, 20c, 21c, 22b, 23a, 24c, 25a.

Prueba 2, Comprensión auditiva

Tarea 1

1. Solución: C
Transcripción:
HOMBRE: Mañana es el cumpleaños de la mamá, ¿qué le regalamos?
MUJER: Recuerda que no podemos comprarle flores otra vez, es alérgica.
HOMBRE: Podemos ir a la tienda de ropa de la calle Mayor y comprarle un bolso bonito.
MUJER: Sí, es una idea muy buena.

2. Solución: A
Transcripción:
MUJER: Buenos días, ¿cuánto cuestan los pantalones?
HOMBRE: Doce euros.
MUJER: ¿Y los zapatos?
HOMBRE: Estos zapatos cuestan veinticinco euros.
MUJER: Muchas gracias.

3. Solución: A
Transcripción:
MUJER: Raúl, ¿qué haces?
HOMBRE: Estoy leyendo las noticias.
MUJER: ¿Dónde? ¿En Internet?
HOMBRE: No, estoy leyendo el periódico.
MUJER: De acuerdo, no te molesto, luego nos vemos.

4. Solución: B
Transcripción:
HOMBRE: Cariño, ¿qué hacemos el sábado? Mis padres van a ir a la montaña a esquiar.
MUJER: Podemos ir a nadar, hay una piscina nueva en la universidad.
HOMBRE: Muy bien, voy a buscar mi bañador.

5. Solución: C
Transcripción:
HOMBRE: Mañana voy a ir a la fiesta con mi novia.
MUJER: ¿Cómo es?
HOMBRE: Es muy guapa, tiene el pelo moreno y corto, siempre lleva gafas de sol.

Tarea 2

6. Solución: E
Transcripción: A mi hija Marta le gusta mucho dormir en los brazos de su abuelo.

7. Solución: C
Transcripción: Hola Eva, te queda muy bien esa falda nueva, ¿es de Zara? Quiero una igual.

8. Solución: A
Transcripción: Voy a cocinar algo, pero no tengo mucha hambre, creo que voy a hacer solo un huevo frito.

9. Solución: F
Transcripción: El marido de Carmen trabaja en un hospital, es médico y gana mucho dinero.

10. Solución: B
Transcripción: En el salón tenemos una mesa redonda y cuatro sillas negras. Es un poco pequeña, queremos comprar una nueva.

Tarea 3

11. Solución: F
Transcripción: Me encanta mi familia, todos son muy especiales, por ejemplo, mi hermana Luisa habla perfectamente en inglés, francés y alemán.

12. Solución: I
Transcripción: Mi madre se llama Ana, es muy simpática y alegre.

Siempre ayuda a los otros, es la mejor persona que conozco.

13. Solución: B
Transcripción: Jorge es el más pequeño de la familia, tiene dos años y es el hijo de mi prima.

14. Solución: H
Transcripción: Mi abuela Rosa vive en un pequeño pueblo de las montañas, está un poco lejos y solo nos vemos en Navidad.

15. Solución: D
Transcripción: Álvaro es mi hermano mayor. Tiene una pequeña tienda de informática en el centro y también vende por internet.

16. Solución: J
Transcripción: Mi prima Laura está divorciada, ya no vive con su exmarido. Dice que ahora es mucho más feliz.

17. Solución: A
Transcripción: A mi tío Rubén le gustan muchísimo los perros, tiene tres en su casa y quiere tener más.

18. Solución: E
Transcripción: El próximo seis de octubre es el cumpleaños de mi hija Estefanía, va a cumplir doce años.

Tarea 4

Soluciones: 19 E, 20 G, 21 A, 22 D, 23 H, 24 C, 25 F.
Transcripción:
HOMBRE: Elvira, el sábado es tu cumpleaños, ¿sabes ya lo que vas a hacer?
MUJER: Pues quiero invitar a todos nuestros amigos a casa, podemos cocinar nosotros dos, ¿me vas a ayudar, Pedro?
HOMBRE: Sí, claro. Sabes que soy un cocinero buenísimo. Voy a preparar espagueti con salsa de tomate. ¿Va a venir tu hermano a la fiesta?
MUJER: No puede, está de viaje en el extranjero.
HOMBRE: ¡Qué pena! ¿Te parece bien si voy con mi novia?

MUJER: Sí, así la voy a conocer, ¡qué bien!
HOMBRE: Y dime, Elvira. ¿Qué regalo quieres por tu cumpleaños? ¿Ropa? ¿Un libro? ¿Algo para tu nueva casa?
MUJER: La verdad es que necesito una nueva bicicleta, pero es un regalo un poco caro.
HOMBRE: Puedo hablar con otros amigos y la compramos entre todos. ¿A qué hora empieza la fiesta? ¿Por la mañana?
MUJER: No, yo tengo clases de inglés hasta las doce, es mejor si la fiesta empieza a las cuatro de la tarde.
HOMBRE: Muy bien, yo te ayudo a organizarlo todo, nos vemos mañana en la universidad y hablamos.
MUJER: Adiós, Pedro. Muchas gracias.

LIBROS QUE TE PUEDEN INTERESAR

"Nuevo DELE A2", es un manual para preparar el examen de español DELE A2, contiene 4 modelos completos del examen, soluciones, consejos y ejercicios de vocabulario.

"Nuevo DELE B1", es un manual para preparar el examen de español DELE B1, contiene 4 modelos completos del examen, soluciones, consejos y ejercicios de vocabulario.

"Nuevo DELE B2", manual para preparar el examen de español DELE B2, contiene 4 modelos completos del examen, soluciones, audios, consejos y ejercicios de vocabulario.

"SIELE, preparación para el examen" libro para todos aquellos estudiantes que desean presentarse a la prueba de lengua española SIELE. Contiene multitud de ejercicios desde el nivel A1 hasta C1.

"24 horas, para estudiantes de español" es una novela criminal adaptada para estudiantes, con una gramática muy sencilla que se puede entender sin problemas a partir del nivel A2 en adelante. Contiene aclaraciones de vocabulario, ejercicios y un juego de pistas.

"Vocabulario español A1" es un diccionario ilustrado por categorías y multitud de ejercicios para estudiantes de primer año de español. Es perfecto para consolidar el nivel básico de español. Incluye multitud de actividades online.

"La prisión: elige tu propia aventura" es una novela para los estudiantes de nivel más avanzado. Tiene 31 finales diferentes a los que llegaremos tomando diferentes decisiones. El objetivo es escapar de la prisión.

"Materiales para las clases de español", cientos de recursos que los profesores pueden utilizar en sus clases. Ejercicios de todo tipo y para todos los niveles, tanto para clases individuales como para grupos. El libro en sí, es una fuente de inspiración para los docentes.

"Hermes 2, para practicar el subjuntivo" es una novela de ciencia ficción para estudiantes de español. Leyendo las aventuras de la tripulación de una moderna nave espacial, podrás practicar los diferentes tiempos del modo subjuntivo.

"Conversación, para las clases de español" es un libro para profesores de español con multitud de ejercicios de expresión oral. Un manual con debates, situaciones de rol, ejercicios de exámenes, juegos y mucho más.

"Spanish for Business", es un manual para todas aquellas personas que utilizan la lengua española en su trabajo. El libro incluye un modelo completo del examen DELE B2.

MUCHA SUERTE CON EL EXAMEN

Espero haberte ayudado a superar con éxito el DELE A1, si tienes cualquier duda sobre el libro, escríbeme a mi dirección: ramondiezgalan@gmail.com

Si puedes dejar un comentario sobre el libro en la página web donde lo compraste me ayudarías muchísimo ☺

PARA MÁS CONTENIDO GRATUITO, ÚNETE A LA COMUNIDAD DE INSTAGRAM:

EL SEMÁFORO ESPAÑOL

(PARA EL NIVEL A1 USA LAS TARJETAS VERDES)

Y RECUERDA QUE EN LAS REDES SOCIALES DE SPANISH CLASSES LIVE TIENES TODAS LAS NOTICIAS SOBRE LOS EXÁMENES DELE.

Printed in Great Britain
by Amazon